Título del original inglés: *Patanjali Yoga-Sutras*

Diseño de colección: Gerardo Domínguez

Editorial EDAF, S.L.U.
Jorge Juan, 68. 28009 Madrid
http://www.edaf.net
edaf@edaf.net

Algaba Ediciones, S.A. de C.V
Calle 21, Poniente 3323. Colonia Belisario Domínguez
Puebla 72180, México
jaime.breton@yahoo.com.mx

Edaf del Plata, S.A. Chile, 2222
1227 - Buenos Aires, Argentina
fernando@edafarg.net
Teléfono: +54 11 4308 5222 / +54 11 6784 9516

Edaf Chile, S.A.
Huérfanos, 1178, Oficina 501
Santiago - Chile
comercialedafchile@edafchile.cl
Teléfonos: +56 9 4468 0539 / +56 9 4468 0537

8ª edición, mayo 2026

ISBN: 978-84-414-3829-3
Depósito legal: M-10098-2018

Papel 100% procedente de bosques gestionados de acuerdo con criterios de sostenibilidad

Impreso en España — Printed in Spain

GRÁFICAS COFÁS. Pol. Ind. Prado Regordoño. Móstoles (Madrid)

Yoga-Sûtra

de Patanjali

Versión y comentarios de
T. K. V. Desikachar

edaf

MADRID - MÉXICO - BUENOS AIRES - SANTIAGO

2026

Índice

Dedicatoria

Dedico esta obra al profesor William Skelton,
de la Universidad de Colgate,
que encarna el espíritu de la definición que,
del Yoga, nos ofrece la *Bhagavad-Gîtâ*:
la capacidad de actuar movido más
por la excelencia que por el provecho personal.

Agradecimientos

Aunque son muchos los amigos que han contribuido a la realización de este proyecto, quiero citar a algunos de ellos y mostrarles mi profundo aprecio por su impagable colaboración. Quiero destacar a:

Mary Louise Skelton, por su asesoramiento editorial y por su supervisión del proyecto hasta su fin.

Fondo para el Estudio de las Grandes Religiones del Mundo, de la Universidad de Colgate, y a su director, John Ross Carter, por su generoso apoyo.

Michael Smith y Bill Harvey, por su asesoramiento editorial.

R. Prabhakar, por la supervisión de diversos aspectos editoriales.

S. Sridharan, por su ayuda en la confección mecanográfica del manuscrito.

Presentación

Para mí, el hecho de haber estudiado con mi padre T. Krishnamacharya durante casi tres décadas ha sido una verdadera revelación de la gran herencia india. La parte más importante de este aprendizaje ha sido el estudio de los *Yoga-Sûtra de Patanjali*.

Hoy todo lo que enseño se inspira en esta obra maestra. Compartiendo esta gran obra con alumnos de todas las partes del mundo he aprendido mucho sobre otras tradiciones.

Esta traducción es solo una mirada a la sabiduría que trasciende todas las barreras de las religiones e inspira, al mismo tiempo, la búsqueda religiosa y espiritual.

Espero que este libro conduzca al lector hacia un buen profesor que pueda presentarle los significados escondidos que el estudio escolástico nunca puede revelar.

Enero 1992, T. K. V. Desikachar

Estudio preliminar

El origen del Yoga: los *Veda* y los *Darshana*

El origen del Yoga se remonta a las fuentes del pensamiento y la espiritualidad de la India. Su base son los *Veda*, parte fundamental de lo que se denomina «Canon Hindú».

El estudio de los *Veda* inspiró a sabios antiguos y recientes las seis escuelas de pensamiento conocidas como *Darshanas*.

Darshana significa «espejo». Un espejo que puede reflejar, de golpe y en su totalidad, la vida de quien se encuentre ante él.

Cada uno de los seis *Darshanas* adoptó su propio punto de vista acerca de la vida, de su origen, de sus padecimientos, del camino que lleva a la felicidad y la sabiduría, etcétera.

El Yoga es uno de los *Darshana*. Su inspirador básico es Patanjali, sobre quien se sabe poco. Han llegado a nosotros múltiples tradiciones, desde una visión mística que lo identifica con *Ananta*, la divina serpiente que sostiene el Universo, hasta el gramático Patanjali.

Poco puede afirmarse a ciencia cierta acerca de él y, él mismo, no se cita ni una sola vez a lo largo de su obra sobre Yoga.

El Yoga se desarrolló, pues, en medio de un intenso movimiento espiritual y pedagógico, que configuró lo que ahora conocemos como pensamiento oriental.

Se consolidaron multitud de escuelas (monistas, pluralistas, Sâmkhya, etcétera). Entre ellas, con unas características propias bien acentuadas, el Yoga.

Cada una de estas escuelas tomó su propio rumbo, algunas en paralelo, otras en franca divergencia. Algunas tendieron a sustentarse sobre una base predominantemente intelectual (Sâmkhya, por ejemplo), otras (como el Yoga) se movieron en un campo más experimental y vivencial.

El primer texto de Yoga, conservado íntegramente, son los *Yoga-Sûtra de Patanjali*. Su fecha de redacción también es objeto de discusión. Por ciertas referencias cruzadas los estudiosos han podido fijar unos términos que limitan una época, que podría situarse sobre los años 300 a 400 d. C. Hay, sin embargo, opiniones divergentes a este respecto.

Aparece con mayor claridad, afortunadamente, el proceso de transmisión de esta obra a través de los siglos hasta nuestros días.

Los *sûtras*: un estilo literario y pedagógico

Patanjali fijó su enseñanza en unos breves aforismos llamados *sûtras*. Los *sûtras* se caracterizan por su escaso número de palabras, por un laconismo que se encuentra más allá de los límites de la gramática.

El texto está, por tanto, libre de ambigüedades, pero lleno de esencia; es tajante pero universal por su contexto.

Las palabras de un sûtra no llegan a formar una frase, pero ofrecen suficiente base para que el profesor pueda desarrollar su lección.

El sûtra vincula enseñante y enseñanza, pero es incapaz de clarificar, por sí mismo, todos y cada uno de los puntos de la obra.

Este estilo condensa hasta tal extremo el mensaje que se convierte en incorruptible. Fácil de memorizar, la conservación íntegra del texto queda garantizada.

De hecho, el primer paso de la enseñanza consiste en la retención memorística de los sûtras, repetidos tal y como los recita el profesor, cantados con todo detalle (sílabas largas y breves, tonos, etc.). Solo una vez conseguido esto, el profesor empieza a explicar el significado de lo aprendido.

Así podemos establecer un modelo muy claro de origen-elaboración-transmisión-enriquecimiento de los *Yoga-Sûtra de Patanjali.*

Una tradición oral inicial lleva a la conservación escrita de lo fundamental de la enseñanza, que se convierte en obra de estudio y es origen, a su vez, de comentarios y subcomentarios.

Hay que destacar, sin embargo, qué significa «comentar» para los orientales. Bajo el encabezamiento del sûtra, el autor del comentario añade, intercala a veces, breves ampliaciones, puntos de vista propios, destacando, ante todo, la presencia y la integridad de la enseñanza original.

Los *Yoga-Sûtra* son el tronco de uno de estos «árboles de transmisión». Esta obra generó algunos comentarios que podríamos denominar históricos, cercanos a la fecha de composición de la obra:

- En primer lugar, el comentario de *Vyâsa* (entre 540 y 650 d. de C), que es el más clásico y conocido.
- En segundo término, los comentarios de *Vâcaspati* (850 aprox.) y de *Sâṅkara* (700 d. de C. aprox.).

Desde nuestro punto de vista occidental, resulta curioso el respeto que el comentarista siente por la obra objeto de su trabajo, por encima incluso de sus propias convicciones.

Vemos, por ejemplo, que *Vâscapati,* perteneciente al *Vêdanta,* que se caracteriza por una visión no dualista del mundo, que proclama un Dios omnisciente y protector, única realidad existente, al comentar los *Yoga-Sûtra* respeta la visión que estos tienen del mundo y su defensa de la realidad de las cosas.

El Yoga discurre en paralelo con otras disciplinas y conocimientos. El mismo genera múltiples obras que profundizan en el tema. Por si puede servir de ayuda al lector deseoso de más información, cabe citar que Desikachar, autor de este libro, afirma que, en su opinión, las obras básicas para el estudio del Yoga son tres:

1. Los *Yoga-Sûtra de Patanjali*, imprescindibles en su opinión.
2. El *Yoga-Rahasya de Nâthamuni*, que trata de las características, capacidades e intereses a tener en cuenta para adaptar la enseñanza del Yoga a cada alumno y circunstancia.
3. La *Bhagavad-Gîtâ* sobre el papel del gurú.

Cita también otros textos de interés:

— El *Yoga-Yâjhavalkya.*

— La *Gheranda-Samhitâ.*

— La *Hatha-Yoga-Pradîpikâ,* etcétera.

El Yoga de Patanjali: su fundamento y sus nociones básicas

El Yoga no fue, en su origen, inventado por Patanjali. Ya en los *Vedas*, en los *Upanishads* y en otros textos aparece la noción, la palabra *yoga*. En realidad, presenta multitud de significados. Patanjali nos muestra su genio al definirlo en relación con la actividad mental.

Patanjali define así el Yoga: «Yoga es la capacidad de dirigir la mente hacia un objeto exclusivamente y de mantener esa dirección sin ninguna distracción» (S. I-2).

En tanto no se alcance este estado, el hombre no puede unirse plenamente a Dios. No puede controlar sus sentidos. Los logros son inestables, las recaídas frecuentes.

Sobre la base de esta definición, Patanjali analiza el funcionamiento de la mente y cita gran número de medios, a nuestro alcance, para poner en orden una mente agitada.

El autor explica, finalmente, cómo tal mente convierte en extraordinario a un hombre por su potencial y sabiduría.

El objetivo final del Yoga es conseguir una mente estable en un cuerpo sano.

El Yoga no es una religión. Es un conocimiento, una disciplina, una experiencia que se adapta a las circunstancias, idiosincrasia y demanda de cada persona. No debe ser confundido con el hinduismo ni con ninguna otra religión.

Patanjali no insiste en la necesidad de creer en Dios para avanzar en el camino del conocimiento, ni incluye en su obra el punto de vista que, acerca de Dios, presenta el *Vêdanta*. Su Dios no es el Amo del mundo, es el Maestro.

Esta convicción ha sido criticada por maestros tales como Vyâsa, Sâṅkara y Ramanuja que, por otra parte, son brillantes comentaristas de los métodos propuestos por los *Yoga-Sûtra* acerca de la estabilización de la mente.

Pasemos ahora a un análisis más detallado de la estructura y los conceptos básicos de esta obra:

1. ESTRUCTURA DE LA OBRA: LOS *YOGA-SÛTRA DE* PATANJALI SE DIVIDEN EN CUATRO CAPÍTULOS:

El primero se titula *Samâdhipâdaḥ* y está compuesto de 51 *sûtras*. Su contenido, en esquema, consiste en:

—

Definición de Yoga.

—

Definición de mente y sus funciones.

—

Cómo alcanza la mente el estado de Yoga.

—

Características y cualidades iniciales del practicante de Yoga.

—

Dios, Maestro Universal.

—

Posibles interrupciones en el camino del Yoga: Síntomas y tratamiento.

—

Gratificantes consecuencias de la progresiva concentración de la mente.

El segundo se titula *Sâdhanapâdaḥ* y está compuesto de 55 *sûtras*. Su contenido, en esquema, es:

—

Obstáculos a la clara percepción de la realidad. Sus características y efectos.

—

Los actos realizados bajo el efecto de los obstáculos y sus efectos dolorosos. La confusión de lo que percibe y lo que es percibido.

—

Existencia y características de lo que es percibido: los Guna.

—

La claridad en la percepción de la realidad, base del bienestar.

—

El proceso de Yoga consiste en el gradual crecimiento de sus ocho miembros: descripción de los dos primeros (*Yama y Niyama*) y sus efectos.

—

Descripción de los dos siguientes miembros (*Âsana y Prânâyâma*) y sus efectos.

—

Descripción del quinto miembro (*Pratyâhâra*) y sus efectos.

El tercero se titula *Vibhûtipâdaḥ* y está compuesto de 55 *sûtras*. Su contenido, en esquema, es:

—

Descripción de los tres últimos miembros del Yoga (*Dhâranâ, Dhyâna y Samâdhi*).

—

La concentración continuada sobre un objeto (*saṁyama*).

Necesidad y consecuencias de mantener un continuo estado de atención frente al cambio de la calidad.

—

Posibles objetos de *Saṁyama* y los efectos de cada uno ellos.

—

Advertencias sobre los peligros del *Saṁyama.*

—

La libertad, fin último del Yoga.

El cuarto capítulo se titula *Kaivalyapâdaḥ* y está compuesto de 34 *sûtras*. Su contenido, en esquema, es:

—

El cambio inteligente, base del Yoga.

—

El papel del profesor en los cambios de su alumno.

—

Obstáculos al cambio hacia la claridad.

—

Los Guna, base del cambio.

—

Realidad de las cosas que percibimos.

—

Lo que percibe en nosotros se diferencia progresivamente de lo que es percibido.

—

Progresivo acercamiento al estado de claridad.

2. Conceptos básicos del Yoga:

Primer punto:

a) *Prakṛtti-Citta-Purusha.* La concepción que los *Yoga-Sûtra* presentan del mundo se basa en la diferenciación entre lo que es inmutable y lo que se modifica continuamente.

Se afirma en la obra que, en nuestro interior, existe una realidad inmutable, absolutamente clara y sin error que se denomina *Purusha* o *Drashtar.*

Frente a esto existe en nosotros y a nuestro alrededor la realidad modificable e interpretable (la mente, Citta, la realidad palpable, *Prakṛtti*).

La confusión de estas dos entidades tan diferenciadas lleva al error, a la confusión y al sufrimiento. Su diferenciación, por la concentración, a todo lo contrario.

b) *Pramâna-Viparyaya-Vikalpah-Nidrâ-Smṛti.* Son las cinco actividades de la mente (comprensión, comprensión defectuosa, imaginación, sueño profundo y memoria, respectivamente). Su combinación configura nuestra manera de ser. La confusión de lo que percibimos y deducimos con ella y la realidad tal como es lleva al error y al sufrimiento. Según el Yoga, la mente no es nuestro «yo».

c) *Abhyâsa-Vairagya.* Es el fundamento de todo esfuerzo a mejorar y la base de la práctica de Yoga: el esfuerzo adecuado y el desapego a los frutos de la acción.

Esta noción es muy importante, ya que describe una actitud concreta ante la realidad y en la misma práctica de *Asana* y *Prânâyâma*.

Así pues, en un primer momento, vemos que Yoga se presenta como un esfuerzo de concentración de la mente, dirigido a distinguir lo mutable de lo inmutable por medio del buen uso de las actividades mentales y con una actitud de esfuerzo sostenido y desapego frente a los resultados.

Segundo punto:

a) *Parinama.* El cambio, relacionado con el paso del tiempo, provoca que situaciones muy similares sean, en el fondo, distintas y nos induce a actuar sin revisar nuestros actos y adecuarlos a la nueva situación, llevados por hábitos y comportamientos ligados a la memoria.

   El Yoga de Patanjali pretende apercibirse de este cambio, actuar con justicia a cada momento y, con la ayuda de un profesor competente, aprovechar en beneficio del alumno este proceso constante de cambio en nosotros. El profesor ayuda al alumno a cambiar a mejor, a percibir la realidad de cada momento.

b) *Guna.* Los tres estados de la realidad sujeta a modificación (pesadez-apresuramiento-claridad).

   En el origen de todo cambio está su equilibrio siempre cambiante y la preponderancia de un estado sobre los otros dos. Así pues, la comprensión y adecuación al cambio, no siempre visible a simple vista, es la base del acto adecuado y del bienestar.

Tercer punto:

a) *Saṁyama.* La tarea de concentración de la mente sobre un mismo objeto, de manera repetida y fiel, se conoce como *Saṁyama.*

El profesor puede ser de gran ayuda al alumno a la hora de escoger ese objeto. Esta práctica repetida largo tiempo lleva a la comprensión del objeto y a la adquisición de una progresiva estabilidad mental. Asimismo, se adquieren capacidades relacionadas con dicho objeto.

Los *Yoga-Sûtra* insisten en la conveniencia de ejercer el desapego ante todas estas posibilidades, ya que el último es la libertad.

b) *Viniyoga.* Noción que expresa que cada persona, al iniciarse en el Yoga, parte del punto en que se encuentra. Sus características, demanda personal y manera de pensar y actuar deben ser tenidas en cuenta por su profesor.

Así pues, cada persona, siendo idéntica en funcionamiento a las demás, es un ser diferenciado. El profesor debe comprender a su alumno en toda su realidad personal y social, verlo tal como es, proponerle los ejercicios adecuados a cada momento y ayudarle a comprender la necesidad de no ligarse a los resultados obtenidos.

Cuarto punto:

a) *Yama-Niyama-Âsana-Prânâyâma-Pratyâhâra-Dhârâna-Dhyâna-Samâdhi*. Son los ocho componentes del Yoga que propone Patanjali.

Yama: relación con nosotros mismos.

Niyama: Relación con el mundo exterior.

Âsana: Práctica de ejercicios físicos.

Prânâyâma: Práctica de ejercicios respiratorios.

Prâtyâhâra: Dominio de los sentidos.

Dhâranâ: Capacidad de dirigir la mente.

Dhyâna: Capacidad de interaccionar con lo que intentamos comprender.

Samâdhi: Total integración con el objeto de nuestra comprensión.

Estos ocho miembros crecen armónica y simultáneamente en el practicante de Yoga. Es una visión global del ser humano, capaz de relacionarse consigo mismo y con los demás sin conflicto, de comprender lo que le rodea y actuar correctamente y, ante todo, de basar sus cambios en la observación de algo tan basto como es el cuerpo en ejercicio y la respiración.

La reducción de impurezas físicas y mentales es el origen de toda mejora personal.

b) *Kleshâ*: Los obstáculos que impiden esta claridad de percepción. Son la comprensión defectuosa (*Avidyâ*), la confusión (*Asmitâ*), el exceso de apego (*Râga*), las aversiones irracionales (*Dvesha*) y el sentimiento de inseguridad (*Abhinivesha*).

Así pues, el Yoga se plantea como un ejercicio continuado de atención, en práctica física y respiratoria y en la vida diaria, para vencer los obstáculos a la clara percepción y desarrollar todas las potencialidades del ser humano.

Quinto punto:

a) *Îshvara*: Dios como Maestro último. En la tradición que transmite T.K.V. Desikachar (procedente de su padre Sri Krishnamacharya) es muy importante, aunque se destaca siempre que el Yoga no es una religión ni es necesario ser creyente para avanzar en su práctica.

b) *Shraddâ-Vîrya-Smṛti*. Son las tres cualidades fundamentales del practicante de Yoga. Respectivamente la fe, la fuerza y la memoria.

Así pues, se nos presenta la posibilidad de un doble trabajo. El esfuerzo sostenido y consciente ante los cambios, por una parte, el abandono y la confianza en algo o alguien que está por encima de nosotros, por otra.

Los *Yoga-Sûtra* en Occidente. Su uso como material de trabajo. La presente versión

Occidente tiene una idea muy vaga de lo que es el Yoga. Religión, ejercicio físico y esoterismo se confunden.

Respecto a la práctica de ejercicios de Yoga, hay un retraso relativamente considerable en la enseñanza clásica de los fundamentos del Yoga y de su obra capital: los *Yoga-Sûtra de Patanjali.*

En las lenguas de Occidente han aparecido diversas versiones de los *Yoga-Sûtra* y de sus comentarios clásicos (sobre todo en inglés).

Actualmente, algunos practicantes de Yoga ya empiezan a considerar la necesidad de sustentar su práctica sobre una doble base: la experiencia física de las *Âsanas*[1] y del *Prânâyâma*[2] y el estudio teórico de la base filosófica del Yoga. En este punto un profesor competente puede ayudar a aplicar el contenido de los *Yoga-Sûtra* a aspectos de la vida diaria, tanto interior como de relación.

El Yoga no puede quedar desprovisto de ninguno de sus aspectos, desde los más bastos a los más sutiles, desde el mundo de la relación al de la introspección.

La presente versión es totalmente respetuosa con el texto original, que traduce, con la dificultad inherente a los sûtras, el contenido literal de cada uno de ellos. Es sencilla por su forma y rica en contenido.

Su orden de presentación está pensado para servir de material de trabajo y reflexión. Su formato la convierte en un libro de compañía.

1 Posturas físicas del Yoga.

2 Técnicas de respiración.

Claude Maréchal, discípulo de T.K.V. Desikachar y gran difusor de los *Yoga-Sûtra* en Europa, aconseja en uno de sus escritos «no consumir este libro». Cito textualmente:

«Os aconsejo leer atentamente cada introducción, reflexionad un instante para comprender bien lo que esta introducción indica respecto a la enseñanza dada anteriormente y a la que presenta a continuación.

»Después, leed atentamente el párrafo siguiente: el mensaje transmitido es el propio aforismo, el corazón de la enseñanza.

»Meditad un instante sobre cada palabra y sobre cada significado. Terminad el estudio del aforismo con la lectura del comentario.

»Escuchad vuestras reflexiones personales y formulad las preguntas que os vienen a la mente.

»Evitad "consumir" este libro. Es preferible leer solo uno o dos aforismos cada vez; pero leed de nuevo lo que precede antes de pasar a la etapa siguiente. Una práctica interesante consiste en realizar la lectura y el tiempo de reflexión después de la práctica de *Âsana* y *Prânâyâma*...»

Por la calidad intelectual de su autor es, también, material de trabajo para quien desee conocer los *Yoga-Sûtras* en una versión fiel al original y de calidad. A todos ellos se dirige esta introducción y esta obra.

Cabe destacar, también, el componente espiritual de la obra, muy presente en la enseñanza que T.K.V. Desikachar transmite y que procede de su padre y maestro Sri Krishnamacharya.

El propio T.K.V. Desikachar, en el breve prólogo a la versión inglesa de esta obra, nos presenta así su trabajo y a su profesor:

«La presente versión se basa en la sabiduría de Sri Krishnamacharya, Maestro inigualable, reconocido por su estudio de todas las escuelas del *Veda* y por su experiencia de más de sesenta años como Maestro de Yoga.

»Su nivel de conocimiento como terapeuta de enfermos, su elocuencia y su profundización en el sánscrito, su análisis del papel de la práctica de Yoga en el contexto del ritual indio lo convierten en un Maestro en todos los sentidos.

»Sin embargo, esta versión no debe ser considerada, por el principiante, como una exposición completa de la enseñanza de Krishnamacharya».

Claude Maréchal
y Joan A. Enreig

Capítulo 1

Samâdhipâdaḥ

Introducción:

Los *sûtras* de Patanjali se presentan en cuatro capítulos. El primero se llama *Samâdhipâdaḥ* (el capítulo sobre el *samâdhi*).

Este capítulo define el Yoga y sus características, expone los problemas que se presentan para alcanzar el estado de Yoga y también los medios para resolverlos.

I.1

El primer sûtra presenta el tema estudiado, tal y como exige la tradición oral. Según las convenciones de la literatura sánscrita antigua, la primera palabra, *atha,* aporta la connotación de plegaria tanto para un principio favorable como para una culminación exitosa del trabajo subsiguiente.

atha yogânushâsanam

AQUÍ COMIENZA LA ENSEÑANZA DEL YOGA QUE EJERCE AUTORIDAD.

Patanjali señala el origen antiquísimo del tema tratado. Él no es su creador, pero lo ha estudiado hasta un nivel suficientemente profundo bajo la tutela de su propio maestro; ahora es competente para compartir su comprensión con sus discípulos. Su sistema de transmisión será tal que ellos podrán, a su vez, transmitir directamente esta enseñanza a sus propios discípulos por los métodos orales tradicionales.

I.2

¿Qué es el *Yoga*? Esta palabra comporta múltiples interpretaciones y connotaciones. Patanjali explica su comprensión de la palabra.

yogashcittavṛttinirodhaḥ

EL YOGA ES LA APTITUD PARA DIRIGIR LA MENTE EXCLUSIVAMENTE HACIA UN OBJETO Y MANTENER ESA DIRECCIÓN SIN DISTRACCIÓN ALGUNA.

El objeto puede ser concreto, externo a nosotros, o bien parte de nosotros. Puede ser un campo de interés, un concepto o algo que sobrepase el nivel de los sentidos, como Dios, por ejemplo.

I.3

tadâ draṣṭuḥ svarûpe 'vasthânam

ENTONCES NACE LA CAPACIDAD DE COMPRENDER PLENA Y CORRECTAMENTE EL OBJETO.

En un estado de Yoga las ideas preconcebidas y los productos de la imaginación, que pueden impedir o deformar la comprensión, son dominados, reducidos o eliminados. Se superan la tendencia a cerrarse a una comprensión abierta o la incapacidad de comprender.

I.4

En ausencia del estado mental llamado Yoga,

vṛttisârûpya mitaratra

LA APTITUD PARA COMPRENDER EL OBJETO SE VE SIMPLEMENTE REEMPLAZADA POR LA CONCEPCIÓN QUE LA MENTE TIENE DE DICHO OBJETO, O BIEN POR UNA FALTA TOTAL DE COMPRENSIÓN.

Una mente agitada raramente puede seguir una dirección. Si, a pesar de todo, lo consigue, la comprensión del objeto dado es errónea.

I.5

¿Qué es la mente? Patanjali la define como el conjunto de actividades que la ocupan. No puede ser percibida al margen de estas actividades.

vṛttayaḥ pañcatayyaḥ kliṣṭâkliṣṭâḥ

Las actividades de la mente son cinco. Cada una de ellas puede ser beneficiosa y puede causar problemas.

No es posible ver si estas actividades son beneficiosas o fuente de problemas. Solo el paso del tiempo confirmará sus efectos.

I.6

pramâṇaviparyayavikalpanidrâsmṛtayaḥ

Las cinco actividades son: la comprensión, la comprensión defectuosa, la imaginación, el sueño profundo y la memoria.

Cada una de estas actividades posee sus propias características. Aunque no sean siempre evidentes y manifiestas, pueden ser individualmente reconocibles. El predominio y los efectos de cada una de ellas sobre nuestro comportamiento y actitudes se combinan para constituir nuestras personalidades.

I.7

Las actividades son definidas consecutivamente:

pratyakṣânumânâgamâḥ pramâṇâni

LA COMPRENSIÓN SE BASA EN LA OBSERVACIÓN DIRECTA DEL OBJETO, LA INFERENCIA Y LA REFERENCIA A AUTORIDADES DIGNAS DE CONFIANZA.

La mente puede reconocer un objeto directamente por los sentidos. Cuando la información disponible es incompleta o inadecuada para la percepción sensorial, otras facultades como la lógica y la memoria pueden permitir, por inferencia, una comprensión más completa de dicho objeto. Cuando no es posible ninguna comprensión directa, la referencia a autoridades dignas de confianza (como un escrito o una persona en quien se confía) puede permitir, indirectamente, la comprensión. De este modo comprendemos lugares, personas o conceptos que están fuera de nuestra experiencia directa. La comprensión que existe en un estado de Yoga es distinta de la que puede existir en otros momentos, ya que la primera está más cerca de la verdadera naturaleza del objeto.

I.8

viparyayo mithyâjñânamatadrûpapratiṣṭham

La comprensión defectuosa es la comprensión que se toma por correcta, hasta que condiciones más favorables revelan la naturaleza real del objeto.

La comprensión defectuosa pasa por ser la actividad mental más frecuente. Puede nacer de la observación defectuosa o de la mala interpretación de lo que se ve. Esto se debe a nuestra incapacidad para comprender en profundidad lo que vemos, a menudo, a causa de nuestras experiencias pasadas o de condicionamientos. El error se puede reconocer más tarde o nunca. El objetivo de la práctica de Yoga es reconocer y dominar las causas de la comprensión defectuosa (ver capítulo II).

I.9

shabdajñânânupâtî vastushûnyo vikalpaḥ

La imaginación es la comprensión de un objeto basada únicamente en palabras y expresiones, incluso en ausencia del objeto.

Es lo que ocurre en ausencia de toda percepción directa. Tomar como referencia significado, connotaciones o implicaciones de palabras descriptivas guía la imaginación hacia la comprensión. Si dichas palabras se usan poética o elocuentemente, la imaginación será todavía más viva. Puede también aparecer por otros medios, como los sueños, los sentimientos y las emociones. Las experiencias pasadas, almacenadas en forma de memoria, contribuyen frecuentemente a la emergencia de esta actividad mental.

I. 10

abhâvapratyayâlambanâ tamovṛttirnidrâ

HAY SUEÑO PROFUNDO CUANDO LA MENTE ESTÁ INMERSA EN LA PESADEZ Y NINGUNA OTRA ACTIVIDAD ESTÁ PRESENTE.

El sueño es una actividad normal y regular de la mente. Hay un tiempo destinado para él. Pero la pesadez puede ser también provocada por el tedio o el agotamiento, que provocan sueño. El sueño es un estado normal para todos los seres vivos.

I. 11

anubhûtaviṣayâsaṁpramoṣaḥ Smṛtiḥ

LA MEMORIA ES LA RETENCIÓN MENTAL DE UNA EXPERIENCIA CONSCIENTE.

Todas las experiencias conscientes dejan una huella en el individuo y se almacenan en forma de memoria. No es posible afirmar si un recuerdo es verdadero o falso, si es incompleto o imaginario.

Todas y cada una de las actividades de la mente confirman su existencia. Son complejas y se interrelacionan de manera que cada una, tal vez excepto el sueño, debería ser considerada como una matriz o tipo de actividad más que como una entidad diferenciada con características propias y definidas. Cada una de ellas puede, en momentos y circunstancias diferentes, ser beneficiosa o dañina. Los efectos pueden ser ya directos o inmediatos, ya indirectos, como consecuencia ulterior de su manifestación.

I. 12

¿Cómo se llega al estado de Yoga? ¿Qué hacer y qué evitar?

abhyâsavairâgyâbhyâṁ tannirodhaḥ

LA MENTE PUEDE ALCANZAR EL ESTADO DE YOGA POR MEDIO DE LA PRÁCTICA Y EL DESAPEGO.

I. 13

¿Cuáles son las características esenciales de esta práctica y de este desapego? Aunque no se especifiquen aquí las técnicas correspondientes, los dos sûtras siguientes señalan sus cualidades.

tatra sthitau yatno 'bhyâsaḥ

LA PRÁCTICA ES, FUNDAMENTALMENTE, EL JUSTO ESFUERZO NECESARIO PARA AVANZAR HACIA EL ESTADO DE YOGA, ALCANZARLO Y MANTENERLO (VER I. 2).

Las prácticas elegidas deben ser correctamente aprendidas junto a un instructor competente y guiadas por él. Este instructor debe comprender el carácter personal y social del alumno. Débil es la esperanza de alcanzar un buen resultado si un alumno dado no obtiene y sigue una práctica apropiada.

I. 14

sa tu dîrghakâlanairantaryasatkârâdarâsevito dṛḍhabhûmiḥ

SOLO SI LA PRÁCTICA ADECUADA SE MANTIENE LARGO TIEMPO, SIN INTERRUPCIONES, CON LAS CUALIDADES DE CELO Y ACTITUD POSITIVA, PUEDE ESTA TRIUNFAR.

Siempre existirá una tendencia a comenzar la práctica con entusiasmo y energía, un deseo de rápidos resultados. Pero las persistentes limitaciones de la vida cotidiana y la enorme resistencia de la mente nos incitan a ceder a las debilidades humanas. Estas son tendencias comprensibles, todos las compartimos. Este sûtra insiste en la necesidad de abordar la práctica con sobriedad, en actitud positiva, con autodisciplina y visión a largo plazo de un éxito final.

I. 15

A medida que desarrollamos correctamente nuestra práctica, constatamos el crecimiento de nuestra capacidad de disciplinarnos y de rechazar influencias parásitas. Finalmente, podemos llegar al estado de desapego cuando,

dṛṣṭânushravikaviṣayavitṛṣṇasy
vashîkârasaṁjñâvairâgyam

EN EL MÁS ALTO GRADO HAY AUSENCIA TOTAL DE ASPIRACIÓN A CONTENTAR LOS SENTIDOS O A VIVIR EXPERIENCIAS EXTRAORDINARIAS.

La práctica y el desapego aportan múltiples beneficios, como el incremento de la fuerza física y la destreza, de la vigilancia y la sensibilidad. En este punto corremos el peligro de caer en la tentación de usar nuestros nuevos dones para probar la superioridad de nuestro estado. Pero estas nuevas aptitudes son beneficios secundarios y tentaciones dispersoras. Si les concedemos excesiva importancia, acecha el peligro de perder de vista la vía hacia el Yoga.

I. 16

Además,

tatparaṁ puruṣakhyâterguṇavaitṛṣṇyam

QUIEN HA ALCANZADO LA PLENA COMPRENSIÓN DE SU VERDADERO SER YA NO SE VERÁ PERTURBADO POR INFLUENCIAS QUE LE DISTRAIGAN, TANTO EN SU INTERIOR COMO A SU ALREDEDOR.

El desapego se desarrolla a la par que la comprensión de sí. Los inevitables deseos de diversión no pueden ser suprimidos, ya que, si lo fuesen, reaparecerían más tarde.

I. 17

vitarkavicârânandâsmitârûpânugamâtsaṁprajñâtaḥ

ENTONCES EL OBJETO ES GRADUALMENTE COMPRENDIDO DE MANERA PLENA. ESTA COMPRENSIÓN ES, AL PRINCIPIO, MÁS O MENOS SUPERFICIAL, PERO, CON EL TIEMPO, SE HACE MÁS PROFUNDA. LLEGA UN DÍA EN QUE ES TOTAL. NACE UNA ALEGRÍA PURA COMO CONSECUENCIA DE UNA TAL PROFUNDIDAD DE COMPRENSIÓN YA QUE ENTONCES EL INDIVIDUO ESTÁ TAN UNIDO AL OBJETO QUE PIERDE CONCIENCIA DE LO QUE LE RODEA.

Un tal grado de percepción de la naturaleza del objeto solo es posible en un estado de Yoga. A menudo somos capaces de comprender los elementos superficiales y más evidentes de dicho objeto, pero la comprensión está condenada a ser incompleta hasta el día en que percibimos este objeto a su nivel más profundo, sin ningún error.

I. 18

Cuando la mente se eleva al estado de Yoga y permanece en él,

virâmapratyayâbhyâsapûrvaḥ saṃskârasheṣo 'nyaḥ

LAS PERTURBACIONES MENTALES HABITUALES ESTÁN AUSENTES. A PESAR DE ELLO, LOS RECUERDOS DEL PASADO SUBSISTEN.

En estado de Yoga, la percepción es inmediata, no gradual. Los recuerdos se mantienen para ayudarnos a vivir lo cotidiano, pero ya no engendran distracción.

I. 19

Inevitablemente, puesto que millones de seres comparten el mundo con nosotros,

bhavapratyayo videhaprakṛtilayânâm

HABRÁ ALGUNAS PERSONAS NACIDAS EN UN ESTADO DE YOGA. NO NECESITAN NI PRACTICAR NI DISCIPLINARSE.

Pero tales casos son muy raros. No pueden ser copiados ni deberían ser imitados. Algunos de entre ellos corren el peligro de sucumbir a las influencias mundanas y perder sus cualidades superiores.

I. 20

Pero, ¿qué ocurre con los demás, con nosotros? ¿Existe realmente una posibilidad de conseguir este estado de Yoga?

shraddhâvîryaSmṛtisamâdhiprajñâpûrvaka itareṣâm

GRACIAS A LA FE, QUE PROPORCIONARÁ LA ENERGÍA SUFICIENTE PARA SUPERAR TODAS LAS SITUACIONES, SE MANTENDRÁ LA DIRECCIÓN. LA CONSECUCIÓN DEL OBJETIVO DEL YOGA EXIGE TIEMPO.

Este objetivo es la aptitud para dirigir la mente hacia un objeto dado, sin la menor distracción. Con el tiempo se obtiene como resultado una comprensión clara y correcta del objeto escogido: La fe es la convicción inquebrantable de que se puede conseguir este objetivo. No debemos detenernos por la complacencia del éxito ni descorazonarnos en el fracaso. Debemos trabajar dura y firmemente a través de todas las distracciones, independientemente de que nos parezcan buenas o malas.

I. 21

tîvrasaṃvegânâmâsannah

CUANTO MÁS INTENSA ES LA FE Y EL ESFUERZO, MÁS CERCANO ESTÁ EL OBJETIVO.

I. 22

¿Tenemos, podemos tener todos la misma posibilidad?

mṛdumadhyâdhimâtratvâttato 'pi visheṣaḥ

La profundidad de la fe varía inevitablemente de una persona a otra y, en una misma persona, varía con el tiempo. Los resultados reflejarán estas variaciones.

Estas variaciones son inherentes a la condición humana. Son un producto de la cultura y de la capacidad de cada individuo.

I. 23

Patanjali reconoce que las tentativas que se hacen para cambiar nuestra mente en dirección hacia el estado de Yoga chocan con obstáculos de fuerza variable. Sin embargo, para quienes poseen una fe innata en Dios o la desarrollan con el paso de los años,

îshvarapraṇidhânâdvâ

Ofrecer regularmente plegarias a Dios, con sentimiento de sumisión a Su poder, permite ciertamente alcanzar el estado de Yoga.

En los sûtras siguientes, Patanjali da su definición de Dios.

I. 24

kleshakarmavipâkâshayairaparâmṛṣṭ aḥ
puruṣavisheṣa îshvaraḥ

DIOS ES EL SER SUPREMO, CUYAS ACCIONES NO SE BASAN JAMÁS EN LA COMPRENSIÓN DEFECTUOSA.

I. 25

¿Cómo puede ser Dios tan extraordinario?

tatra niratishayaṁ sarvajñabîjam

ÉL CONOCE TODO LO QUE SE PUEDE CONOCER.

Su comprensión está más allá de toda comparación humana.

I. 26

¿Está sometido Dios, según Patanjali, al tiempo o es intemporal?

sa eṣa pûrveṣâmapi guruḥ kâlenânavacchedât

DIOS ES ETERNO.
DE HECHO, ES EL ENSEÑANTE ÚLTIMO.
ES LA FUENTE DE «GUÍA» PARA TODOS
LOS INSTRUCTORES PASADOS, PRESENTES
Y FUTUROS.

I. 27

¿Cómo deberíamos referirnos a Dios?
¿Cómo deberíamos dirigirnos a Él?

tasya vâcakaḥ praṇavaḥ

LA FORMA MÁS APROPIADA TIENE EN CUENTA LAS CUALIDADES DE DIOS.

Según las culturas y religiones, palabras diferentes sirven para describir a Dios y Sus cualidades. Es más importante dirigirse a Dios con gran respeto y sin conflicto. En este campo el enseñante puede aportar una gran ayuda.

I. 28

¿Cómo entramos en relación con Dios?

tajjapastadarthabhâvanam

PARA ESTAR EN RELACIÓN CON DIOS ES NECESARIO DIRIGIRSE A ÉL DE UNA MANERA ADECUADA Y REFLEXIONAR REGULARMENTE SOBRE SUS CUALIDADES.

Patanjali sugiere la necesidad de una reflexión constante sobre las cualidades de Dios. Esto es más fácil con la recitación repetida de su nombre, junto con la plegaria y la contemplación. Pero ni la repetición maquinal ni la plegaria mecánica sirven para nada. Estas prácticas deben hacerse con plena conciencia, en una actitud de consideración y profundo respeto.

I. 29

Para quienes tienen fe en Dios, estas reflexiones serán inevitablemente beneficiosas.

tataḥ pratyakcetanâdhigamo 'pyantarâyâbhâvashca

LLEGARÁ UN MOMENTO EN QUE LA PERSONA PERCIBIRÁ SU AUTÉNTICA NATURALEZA. YA NO SE VERÁ PERTURBADA POR NINGUNA DE LAS INTERRUPCIONES QUE PUEDEN APARECER A LO LARGO DE SU CAMINO HACIA EL ESTADO DE YOGA.

I. 30

¿Cuáles son esas posibles interrupciones?

vyâdhistyânasamshayapramâdâlasyâvirati
bhrântidarshanâlabdhabhûmikatvânavasthitatvâni
cittavikṣepâste 'ntarâyâḥ

HAY NUEVE TIPOS DE INTERRUPCIONES AL DESARROLLO DE LA CLARIDAD MENTAL: LA ENFERMEDAD, EL ESTANCAMIENTO MENTAL, LAS DUDAS, LA IMPREVISIÓN, LA FATIGA, EL EXCESO DE COMPLACENCIA, LAS ILUSIONES SOBRE EL VERDADERO ESTADO MENTAL DE UNO MISMO, LA FALTA DE PERSEVERANCIA Y LA REGRESIÓN. SON

OBSTÁCULOS PORQUE CREAN PERTURBACIONES MENTALES Y REFUERZAN LAS DISTRACCIONES.

A más vulnerables somos ante estas interrupciones, más difícil es alcanzar el estado de Yoga.

I. 31

¿Podemos saber cuándo estas interrupciones producen un efecto y echan raíces?

duḥkhadaurmanasyâṇigamejayatvashvâsaprashvâsâ vikṣepasahabhuvaḥ

TODAS ESTAS INTERRUPCIONES PROVOCAN UNO O MÁS DE LOS SIGUIENTES SÍNTOMAS: INCOMODIDAD MENTAL, PENSAMIENTO NEGATIVO, INCAPACIDAD DE SENTIRSE CÓMODO EN DIFERENTES POSTURAS CORPORALES Y DIFICULTAD PARA CONTROLAR LA PROPIA RESPIRACIÓN.

Cada uno de estos síntomas puede tener otras consecuencias. Los ocho *sûtras* siguientes dan algunos consejos para dominar estas interrupciones y sus síntomas. Estas sugerencias son útiles tanto para quienes tienen profunda fe en Dios como para quienes no son creyentes.

I. 32

tatpratiṣedhârthamekatattvâbhyâsaḥ

SI SE PUEDE ESCOGER Y PONER EN PRÁCTICA UN MEDIO APROPIADO PARA ESTABILIZAR LA MENTE, LAS INTERRUPCIONES NO PUEDEN ECHAR RAÍCES, SEAN CUALES SEAN LAS PROVOCACIONES.

I. 33

maitrîkaruṇâmuditopekṣâṇâm
sukhaduḥkhapuṇyâpuṇyavisayâṇâṁ
bhâvanâtashcittaprasâdanam

EN LA VIDA COTIDIANA VEMOS, A NUESTRO ALREDEDOR, PERSONAS MÁS FELICES Y OTRAS MENOS FELICES QUE NOSOTROS. ALGUNAS HACEN COSAS DIGNAS DE ELOGIO, OTRAS ORIGINAN PROBLEMAS. SEA CUAL SEA NUESTRA ACTITUD HABITUAL HACIA TALES PERSONAS Y SUS ACCIONES, SI PODEMOS ESTAR CONTENTOS CON AQUELLOS QUE SON MÁS FELICES QUE NOSOTROS, SER COMPASIVOS CON LOS INFORTUNADOS, ESTAR ALEGRES CON LOS QUE REALIZAN ACCIONES DIGNAS DE ELOGIO Y SI LOS ERRORES DE LOS DEMÁS NO NOS AFLIGEN, NUESTRAS MENTES ESTARÁN MUY TRANQUILAS.

I. 34

Cuando descubrimos interrupciones o sus síntomas,

pracchardanavidhâraṇâbhyâṁ vâ prâṇasya

PUEDE SER ÚTIL LA PRÁCTICA DE EJERCICIOS RESPIRATORIOS A BASE DE ESPIRACIONES PROLONGADAS.

Sin embargo, estas técnicas deben ser enseñadas y dirigidas correctamente.

I. 35

Los sentidos, como, por ejemplo, la vista y el oído, juegan un papel destacado proporcionando las informaciones a la mente. Son las puertas de la percepción y somos, a menudo, sus esclavos. Pero, ¿no podemos explorar lo que es todavía más poderoso en nosotros que nuestros sentidos? ¿No podemos agudizarlos y convertirlos en nuestros servidores?

viṣayavatî vâ pravṛttirutpannâ
manasaḥ sthitinibandhinî

POR MEDIO DE LA INDAGACIÓN HABITUAL SOBRE EL PAPEL DE LOS SENTIDOS PODEMOS REDUCIR LAS DISTORSIONES MENTALES.

I. 36

Uno de los mayores misterios de la vida es la vida misma.

vishokâ vâ jyotiṣmatî

POR MEDIO DE LA INDAGACIÓN SOBRE LO QUE ES LA VIDA Y SOBRE LO QUE NOS MANTIENE VIVOS, PODEMOS ENCONTRAR ALGÚN ALIVIO A NUESTRAS DISTRACCIONES MENTALES.

Tener en cuenta cosas más grandes que nuestro yo individual nos permite situarnos en perspectiva.

I. 37

vîtarâgaviṣayaṁ vâ cittam

CUANDO NOS ENFRENTAMOS A PROBLEMAS, EL CONSEJO DE ALGUIEN QUE HAYA DOMINADO PROBLEMAS SIMILARES PUEDE SER DE GRAN AYUDA.

Estos consejos pueden venir directamente de una persona viva o del estudio de una persona viva o ya fallecida.

I. 38

Pensar que sabemos mucho puede volvernos arrogantes en nuestro conocimiento. Las consecuencias pueden ser perturbadoras. De hecho, incluso las cosas más comunes y cotidianas no nos parecen siempre claras.

svapnanidrâjñânâlambanaṁ vâ

LA EXPLORACIÓN DE NUESTROS SUEÑOS, DE NUESTRO SUEÑO Y DE LAS EXPERIENCIAS VIVIDAS EN ESTOS ESTADOS O EN RELACIÓN CON ELLOS

NOS PUEDE AYUDAR A CLARIFICAR ALGUNOS DE NUESTROS PROBLEMAS.

Nos sentimos muy descansados después de dormir toda la noche, pero ¡qué perturbadora puede ser una pesadilla!

I. 39

yathâbhimatadhyânâdvâ

TODA INDAGACIÓN DIGNA DE INTERÉS PUEDE CALMAR LA MENTE.

A veces los objetos de exploración más simples (como el primer llanto de un niño) pueden aliviar las perturbaciones mentales. Otras veces estudios más complejos (como una hipótesis matemática) ayudarán. Sin embargo, tales indagaciones no deben reemplazar el objetivo final, que sigue siendo cambiar gradualmente nuestro estado mental: desde la distracción hacia la atención.

I. 40

¿Qué consecuencias conlleva el desarrollo de este estado de Yoga?

paramâṇuparamamahattvânto 'sya vashîkâraḥ

CUANDO ESTE ESTADO HA SIDO ALCANZADO, NO HAY NADA QUE SOBREPASE LA CAPACIDAD DE COMPRENSIÓN. LA MENTE PUEDE MANTENERSE Y

AYUDAR A COMPRENDER LO SIMPLE Y LO COMPLEJO, LO INFINITO Y LO INFINITESIMAL, LO PERCEPTIBLE Y LO IMPERCEPTIBLE.

En los sûtras siguientes se explica el proceso de esta comprensión.

I. 41

kṣîṇavrtterabhijâtasyeva
maṇergrahîtṛgrahaṇagrâhyeṣu tatsthatadañjanatâ
samâpattiḥ

CUANDO LA MENTE ESTÁ LIBRE DE DISTRACCIÓN, TODOS LOS PROCESOS MENTALES PUEDEN ESTAR IMPLICADOS EN EL OBJETO DE INDAGACIÓN. AL PERMANECER EN ESTE ESTADO, GRADUALMENTE SE LLEGA A ESTAR TOTALMENTE ABSORTO EN EL OBJETO. ENTONCES LA MENTE REFLEJA, COMO UN DIAMANTE SIN DEFECTO, LOS TRAZOS DE DICHO OBJETO Y NADA MÁS.

Al principio, todas las actividades mentales, salvo el sueño, están implicadas en la comprensión de un objeto. Pero, gradualmente, solo se mantienen las que son necesarias para una comprensión correcta y sin error.

I. 42

A pesar de todo, esto no se produce espontáneamente; es gradual.

tatra shabdârthajñânavikalpaiḥ saṅkîrṇâ
savitarkâ samápattiḥ

AL PRINCIPIO, A CAUSA DE NUESTRAS EXPERIENCIAS E IDEAS PASADAS, NUESTRA COMPRENSIÓN DEL OBJETO ESTÁ DEFORMADA. TODO LO QUE HA SIDO OÍDO, LEÍDO O SENTIDO PUEDE INTERFERIR EN NUESTRA PERCEPCIÓN.

Algunas de estas influencias pueden no ser válidas. Otras, en un momento dado, pasan a ser superfluas.

I. 43

smṛtiparishuddhau
svarûpashûnyevârthamâtranirbhâsâ nirvitarkâ

CUANDO SE SOSTIENE LA DIRECCIÓN DE LA MENTE HACIA EL OBJETO, LAS IDEAS Y RECUERDOS DEL PASADO PIERDEN TERRENO GRADUALMENTE. LA MENTE LLEGA A SER TRANSPARENTE COMO UN CRISTAL Y ES UNA SOLA COSA CON EL OBJETO. EN ESTE MOMENTO NO HAY SENTIMIENTO DE UNO MISMO. ES LA PERCEPCIÓN PURA.

I. 44

Pero no es este un fenómeno de alcance limitado,

etayaiva savicârâ nirvicârâ
ca sûkṣmaviṣayâ vyâkhyâtâ

ESTE PROCESO ES POSIBLE CON CUALQUIER TIPO DE OBJETO, A TODO NIVEL DE PERCEPCIÓN: SUPERFICIAL Y GENERAL O PROFUNDO Y ESPECÍFICO.

I. 45

sûkṣmaviṣayatvaṁcâliṅgaparyavasânam

LA MENTE NO PUEDE COMPRENDER LA FUENTE MISMA DE LA PERCEPCIÓN QUE HAY EN NOSOTROS. POR LO DEMÁS, SUS OBJETOS DE COMPRENSIÓN SON ILIMITADOS.

I. 46

¿Puede alcanzar la mente un estado de Yoga unilateralmente?

tâ eva sabîjaḥ samâdhiḥ

TODOS ESTOS PROCESOS QUE CONSISTEN EN DIRIGIR LA MENTE EXIGEN UN OBJETO DE INDAGACIÓN.

También precisan de una preparación, una progresión gradual y un interés sostenido. Pues en ausencia de interés aparecerá la distracción; en ausencia de preparación no puede haber soporte y, sin progresión gradual, el organismo humano puede reaccionar y rebelarse.

I. 47

¿Cuáles son las consecuencias del desarrollo de la capacidad de dirigir la mente?

nirvicâravaishâradye 'dhyâtmaprasâdaḥ

ENTONCES LA PERSONA EMPIEZA A CONOCERSE VERDADERAMENTE.

A medida que la correcta comprensión del objeto comienza a enriquecernos, empezamos a comprender nuestro verdadero ser.

I. 48

ṛtaṁbharâ tatra prajñâ

ENTONCES LO QUE ESA PERSONA VE Y COMPARTE CON OTROS ESTÁ LIBRE DE ERROR.

I. 49

shrutânumânaprajñâbhyâmanyaviṣayâ visheṣârthatvât

SU CONOCIMIENTO YA NO SE BASA EN LA MEMORIA O EN LA INFERENCIA. ES ESPONTÁNEO, DIRECTO Y SE REALIZA A UN NIVEL Y CON UNA INTENSIDAD QUE SOBREPASAN LO ORDINARIO.

En tales circunstancias, nuestra mente refleja simplemente el objeto estudiado, como un espejo pulido y perfecto.

I. 50

tajjaḥ saṁskâro 'nyasaṁ skârapratibandhî

A MEDIDA QUE ESTA CUALIDAD MENTA L DE RECIENTE ADQUISICIÓN SE VA REAFIRMANDO GRADUALMENTE, DOMINA LAS OTRAS TENDENCIAS MENTALES BASADAS EN LA COMPRENSIÓN DEFECTUOSA.

I. 51

En definitiva, si esto se produce,

tasyâpi nirodhe sarvanirodhânnirbîjaḥ samâdhiḥ

LA MENTE ALCANZA UN ESTADO EN EL QUE NO HAY IMPRESIÓN DE NINGUNA CLASE. ES ABIERTA, LÍMPIDA, SIMPLEMENTE TRANSPARENTE.

Tal comprensión no se busca. Llega inevitablemente y nada puede detenerla. Este es el más alto estado de Yoga, pero no puede ser descrito con palabras. Solo quienes lo han alcanzado pueden comprender la naturaleza de este estado.

Capítulo II

Sâdhanapâdaḥ

El segundo capítulo se titula sâdhanapâdaḥ. Describe las cualidades necesarias para cambiar gradual y efectivamente la mente de un estado de distracción a uno de atención. También explica por qué estas cualidades son importantes y lo que comporta su práctica.

II. 1

tapaḥsvâdhyâyeshvarapraṇidhânâni kriyâyogaḥ

La práctica de Yoga debe reducir las impurezas, tanto físicas como mentales. Debe desarrollar nuestra capacidad de examinarnos a nosotros mismos y debe ayudarnos a comprender que, al fin y al cabo, no somos los dueños de todo lo que hacemos.

Si la práctica de Yoga no ayuda a eliminar los síntomas y las causas de nuestros problemas físicos y psíquicos, no puede conducirnos ni a descubrir nuestro ser interior ni a comprender la naturaleza de la calidad de los actos. En estas circunstancias, las prácticas serán de dudosa validez. Cuanto más nos purificamos por el Yoga, mejor comprendemos que todas nuestras acciones deben ser sistemáticamente revisadas y que no debemos contar con los frutos de nuestros actos.

II. 2

samâdhibhâvanârthaḥ kleshatanûkaranârthashca

Entonces estas prácticas eliminarán sin duda los obstáculos que impiden la claridad de percepción.

La clara percepción nos es una facultad innata. Pero, frecuentemente, alguna cosa se le opone. ¿De qué tipos son estos factores opuestos a la claridad de percepción?

II. 3

avidyâsmitârâgadveṣâbhiniveshâḥ kleshâḥ

LOS OBSTÁCULOS SON LAS COMPRENSIONES DEFECTUOSAS, LA CONFUSIÓN DE VALORES, EL EXCESO DE APEGO, LAS AVERSIONES IRRACIONALES Y EL SENTIMIENTO DE INSEGURIDAD.

II. 4

El sûtra siguiente explica las relaciones mutuas que existen entre estos obstáculos.

avidyâ kṣetramuttareṣâṁ
prasuptatanuvicchinnodârâṇâm

LA COMPRENSIÓN DEFECTUOSA ES LA FUENTE DE TODOS LOS DEMÁS OBSTÁCULOS, QUE NO APARECEN NECESARIAMENTE AL MISMO TIEMPO Y CUYO IMPACTO ES VARIABLE. A VECES SON OSCUROS Y APENAS DISCERNIBLES, A VECES VISIBLES Y DOMINANTES.

Solo cuando los obstáculos son plenamente visibles sus efectos son evidentes a los ojos de otras personas, aunque no lo sean necesariamente a los ojos de quien los padece.

II. 5

Los siguientes sûtras describen los cinco obstáculos que acabamos de mencionar.

anityâshuciduḥkhânâtmasu
nityashucisukhâtmakhyâtiravidyâ

La comprensión defectuosa conduce a errores de comprensión de las características, origen y efectos de los objetos percibidos.

Lo que, en un momento dado, puede parecer de gran ayuda se manifiesta, más tarde, como un problema. Lo que buscamos como fuente de placer puede producir el efecto contrario. Oro falso se toma por oro puro. Cosas destinadas a cambiar, como la belleza juvenil, pueden ser consideradas eternas. Lo que se considera como un conocimiento capital puede, con el tiempo, revelarse inútil.

II. 6

dṛgdarshanashaktyorekátmatevâsmitâ

La falsa identificación se establece cuando consideramos la actividad mental como la verdadera fuente de la percepción.

Las actitudes y actividades mentales cambian. Se modifican al compás de las influencias externas: humores, costumbres, entorno etc., y, sin embargo, las consideramos, a menudo, fuente de percepción constante, sin cambios (ver II. 20).

II. 7

sukhânushayî râgaḥ

El apego excesivo está basado en la convicción de que contribuirá a la felicidad eterna.

Cuando un objeto satisface un deseo proporciona un momento de felicidad. A causa de esta experiencia la posesión de objetos puede llegar a ser muy importante, incluso indispensable, sin que importe su coste. El resultado puede ser la pérdida de algunas cosas esenciales de la vida y la infelicidad en el futuro.

II. 8

duḥkhânushayî dveṣaḥ

Las aversiones irracionales suelen ser resultado de experiencias penosas sufridas en el pasado, ligadas a situaciones y objetos concretos.

Estas aversiones persisten incluso cuando las circunstancias que provocaron las experiencias desagradables han cambiado o desaparecido.

II. 9

svarasavâhî viduṣo 'pi samârûḍho 'bhiniveshaḥ

La inseguridad es el sentimiento innato de ansiedad ante el futuro. Afecta tanto a ignorantes como a sabios.

Este síndrome puede tener base razonable en experiencias pasadas. También puede ser totalmente irracional. No desaparece ni cuando sabemos que la muerte es inminente. Es, tal vez, el obstáculo más difícil de superar.

II. 10

Descritos los obstáculos que impiden la clara percepción, Patanjali muestra qué actitud debe tener quien aspire a reducirlos:

te pratiprasavaheyâḥ sûkṣmâḥ

Cuando los obstáculos parecen no estar presentes, es importante mostrarse vigilante.

No debe confundirse un estado pasajero de claridad con un estado permanente de claridad. Puede ser muy peligroso creer que, en adelante, la vía está totalmente libre. Y ser prudente es todavía más importante. Recaer en la confusión, desde la claridad, es más perturbador que un estado sin ninguna claridad.

II. 11

Sin embargo, cuando haya signos de reaparición de los obstáculos, inmediatamente hay que

dhyânaheyâstadvṛttayaḥ

AVANZAR HACIA UN ESTADO DE REFLEXIÓN PARA REDUCIR SU IMPACTO E IMPEDIRLES RECOBRAR FUERZA.

Es aceptable todo medio que pueda ayudar a liberarnos de las consecuencias de estos obstáculos. Puede ser una plegaria, una conversación con un enseñante o una diversión. Patanjali ha aconsejado algunos de estos medios en el primer capítulo (I. 23; I. 30 a I. 39) e indica otros un poco más adelante.

II. 12

¿Por qué debemos preocuparnos tanto de estos obstáculos?

kleshamûlaḥ karmâshayo dṛṣṭâdrstajanmavedanîyaḥ

LOS OBSTÁCULOS INFLUYEN EN NUESTRAS ACCIONES Y SUS CONSECUENCIAS. DICHAS CONSECUENCIAS PUEDEN SER O NO EVIDENTES EN EL MOMENTO DE LA ACCIÓN.

Estos obstáculos tienen su sede en la mente y en el cuerpo, de donde parten todas nuestras acciones. Las emprendidas en momentos de influencia dominante de los obstáculos producirán, sin duda, resultados indeseables. Los obstáculos, en efecto, se apoyan en la comprensión defectuosa; si erramos en lo que vemos nuestras conclusiones serán erróneas. Esto se explica más detalladamente en el sûtra siguiente.

II. 13

sati mûle tadvipâko jâtyâyurbhogâḥ

MIENTRAS PREVALECEN LOS OBSTÁCULOS, TODOS LOS ASPECTOS DE LA ACCIÓN SE AFECTAN: SU EJECUCIÓN, SU DURACIÓN Y SUS CONSECUENCIAS.

Los obstáculos pueden conducir a una ejecución incorrecta de las acciones. Amenazan con influir en nuestra actitud mental durante la acción y, finalmente, con reducir o prolongar su duración. En resumen, los frutos de los actos pueden mantener problemas existentes o crear problemas nuevos.

II. 14

¿Hay que concluir que todas nuestras acciones pueden engendrar problemas de uno u otro tipo?

te hlâdaparitâpaphalâḥ puṇyâpuṇyahetutvât

LAS CONSECUENCIAS DE UNA ACCIÓN SERÁN ¿OLOROSAS O BENEFICIOSAS SEGÚN SI LOS OBSTÁCULOS ESTABAN O NO PRESENTES EN EL

PLANTEAMIENTO O REALIZACIÓN DE DICHA ACCIÓN.

Si los obstáculos están solo latentes en el momento de emprender y ejecutar una acción, hay suficiente claridad para percibir la actitud correcta y los medios de actuación, evitando así los errores. Por el contrario, si están activos no puede haber suficiente claridad y las consecuencias de la acción pueden ser indeseables o dolorosas.

II. 15

¿Cuál es la causa de los efectos desagradables o dolorosos?

pariṇâmatâpasaṁskâra
duḥkhairguṇavṛttivirodhâcca duḥkhameva sarvaṁ
vivekinaḥ

LOS EFECTOS DOLOROSOS DE TODO OBJETO O SITUACIÓN PUEDEN PROVENIR DE UNO O VARIOS DE LOS FACTORES SIGUIENTES: CAMBIOS EN EL OBJETO PERCIBIDO, DESEO DE REPETIR EXPERIENCIAS AGRADABLES Y PODEROSO EFECTO DEL CONDICIONAMIENTO PASADO. POR OTRA PARTE, PUEDEN INFLUIR CAMBIOS QUE SE PRODUZCAN EN EL PROPIO INDIVIDUO.

Hay cambio constante en nosotros y en los objetos de nuestros sentidos. Estos cambios no se reconocen siempre. Así podemos empeñarnos en conseguir más de una misma cosa cuando ya no es posible. Los efectos del condicionamiento pasado pueden originar fuertes reacciones en caso de que no se nos conceda aquello a lo que nos hemos habituado. Añadamos la complejidad de nuestras propias estructuras y del mundo que nos rodea. Por consiguiente, todo objeto, toda situación puede, en potencia, contribuir a la emergencia de efectos dolorosos o desagradables. ¿Qué podemos hacer?

II. 16

heyaṁ duḥkhamanâgatam

Los efectos dolorosos que pueden producirse deben ser previstos y evitados.

Se debe usar todo medio que ayude a prever o a reducir los efectos dolorosos. Patanjali expone las causas de los efectos dolorosos y explica qué podemos hacer para desarrollar en nosotros la capacidad de preverlos, evitarlos, reducirlos o aceptarlos. En resumen, la práctica del Yoga tiene como objetivo disminuir los efectos dolorosos aumentando nuestra claridad. Dicho de otro modo, debemos aprender a contener y dominar los obstáculos que figuran en el sûtra II.3.

II. 17

La causa primordial de las acciones que acarrean efectos dolorosos se presenta ahora.

draṣṭṛdṛshyayoḥ saṁyogo heyahetuḥ

La causa de las acciones que producen efectos dolorosos es la incapacidad para distinguir lo que es percibido de lo que percibe.

En cada uno de nosotros existe una entidad que percibe. Esta es claramente distinta de lo que es percibido, como la mente, el cuerpo, los sentidos y los objetos. Pero, a menudo, no hacemos esta distinción. Lo que es percibido está sometido a cambios pero no los distinguimos. Esta falta de claridad en nuestra comprensión puede producir efectos dolorosos, sin que seamos capaces de reconocerlos.

II. 18

¿Qué es lo que diferencia los objetos de percepción de lo que percibe? Los siguientes sûtras lo explican:

prakâshakriyâsthitishîlaṁ bhûtendriyâtmakaṁ
bhogâpavargârthaṁ dṛṣhyam

Todo lo que es percibido abarca no solo los objetos externos, sino también la mente y los sentidos. Comparten tres cualidades: pesadez, actividad y claridad. Ejercen dos tipos de efectos: exponer a «lo que percibe» a sus influencias o procurar los medios para hacer la distinción entre ellos y «lo que percibe».

Todo lo que es perceptible puede desplegar las tres cualidades mencionadas más arriba, pero con intensidades y grados diversos. La naturaleza de sus efectos sobre nosotros se analiza más detalladamente en los sûtras siguientes.

II. 19

visheṣâvisheṣaliṇgamâtrâliṇgâni guṇaparvâṇi

TODO LO QUE ES PERCIBIDO ESTÁ RELACIONADO PORQUE COMPARTE LAS TRES CUALIDADES.

Además, los efectos son mutuos. Por ejemplo, lo que comemos influye en nuestro estado mental. A su vez, nuestra mente afecta nuestra actitud hacia nuestro cuerpo y mundo circundante.

II. 20

¿Qué es lo que percibe?

draṣṭâ dṛshimâtraḥ shuddho 'pi pratyayânupashyaḥ

LO QUE PERCIBE NO ESTÁ SOMETIDO A NINGUNA VARIACIÓN, PERO PERCIBE SIEMPRE POR MEDIO DE LA MENTE.

En consecuencia, la calidad de la percepción depende del estado de la mente, que es el instrumento de la percepción. Que haya percepción o no y que la percepción sea o no correcta depende del estado de la mente. Como el color del cristal con que se mira influye en el color de un objeto.

II. 21

tadartha eva dṛshyasyâtmâ

TODO LO PERCEPTIBLE SOLO TIENE UNA FINALIDAD: SER PERCIBIDO.

Así pues, los objetos están al servicio de «lo que percibe» y no tienen individualidad propia. Su finalidad consiste en ser percibidos por algún «lo que percibe»; como la comida dispuesta sobre la mesa es para el invitado y no para sí misma.

II. 22

¿Significa esto que, en ausencia de «lo que percibe», los objetos de percepción no existen?

kṛtârtham prati naṣṭamapyanaṣṭaṁ
tadanyasâdhâraṇatvât

LA EXISTENCIA Y LA APARIENCIA DE TODOS LOS OBJETOS DE PERCEPCIÓN SON INDEPENDIENTES DE LAS NECESIDADES DE UN «LO QUE PERCIBE» EN CONCRETO. EXISTEN SIN REFERENCIA INDIVIDUAL PARA PODER ATENDER A LAS DIVERSAS NECESIDADES DE OTROS INDIVIDUOS.

Las necesidades de un individuo solo pueden definirse en un momento concreto. Algunas necesidades son periódicas o intermitentes y las de un individuo dado no pueden considerarse más importantes, en términos de calidad y justificación, que las de otro. Un coche puede resultar inútil a su propietario pero útil a su esposa. La necesidad de comer puede no hacerse sentir ahora, pero ser acuciante en el plazo de unas horas. ¿Desaparece la comida dispuesta sobre la mesa si no llega el huésped esperado?

II. 23

Además,

svasvâmishaktyoḥ svarûpopalabdhihetuḥ saṁyogaḥ

TODO LO QUE ES PERCIBIDO, SEA LO QUE SEA, Y SEA CUAL SEA SU EFECTO SOBRE UN INDIVIDUO DADO, NO TIENE, EN DEFINITIVA, MÁS QUE UNA FINALIDAD: CLARIFICAR LA DISTINCIÓN ENTRE EL MUNDO EXTERIOR QUE ES VISTO Y EL MUNDO INTERIOR QUE VE.

Por muy poderosa o perturbadora que parezca una cosa es nuestra reacción frente a ella lo que determina sus efectos. Por eso al distinguir lo que percibe de lo que es percibido, lo que ve de lo que es visto, podemos colocar el objeto en su perspectiva justa y determinar su efecto e influencia sobre nosotros.

II. 24

¿Por qué, en algunos casos, no se produce la claridad?

tasya heturavidyâ

LA FALTA DE CLARIDAD EN LA DISTINCIÓN ENTRE LO QUE PERCIBE Y LO QUE ES PERCIBIDO SE DEBE AL ACÚMULO DE COMPRENSIÓN DEFECTUOSA.

II. 25

tadabhâvâtsaṁyogâbhâvo hânaṁ
taddṛsheḥ kaivalyam

CUANDO LA COMPRENSIÓN DEFECTUOSA SE REDUCE, LA CLARIDAD AUMENTA PROPORCIONALMENTE. ESTA ES LA VÍA HACIA LA LIBERTAD.

Sí, he aquí el fin último de la práctica de Yoga. La libertad es la ausencia de las consecuencias de los obstáculos y la supresión de las acciones que distraen o perturban.

II. 26

¿Cómo alcanzar esta libertad? ¿Es realmente posible?

vivekakhyâtiraviplavâ hânopâyaḥ

LOS MEDIOS DEBEN SER DIRIGIDOS ESENCIALMENTE HACIA EL DESARROLLO DE LA CLARIDAD, PARA QUE SE CONVIERTA EN EVIDENTE LA DIFERENCIA

ENTRE LAS CUALIDADES CAMBIANTES DE LO QUE ES PERCIBIDO Y LA INMUTABLE CUALIDAD DE LO QUE PERCIBE.

Esto exige constantes esfuerzos para reducir la irrupción persistente de los obstáculos enumerados en el sûtra II.3 y, finalmente, eliminar por completo sus efectos. Una vez comenzada esta práctica ya se ha establecido la base del Yoga.

II. 27

tasya saptadhâ prântabhûmiḥ prajñâ

LA OBTENCIÓN DE LA CLARIDAD ES UN PROCESO GRADUAL.

La primera etapa consiste en reconocer que ciertas tendencias de nuestra mente producen efectos dolorosos. Si estas tendencias no son reducidas, podemos alcanzar un punto en que no podamos controlarlas.

II. 28

¿Se puede hacer algo para reconocer y corregir estas tendencias? Patanjali propone medios concretos para reducir la acumulación de obstáculos (como la comprensión defectuosa), puesto que solo la reducción de estos obstáculos invertirá las inclinaciones de nuestra mente, que son responsables de la producción de efectos indeseables.

yogâṅgânuṣṭhânâdashuddhikṣaye
jñânadîptirâvivekakhyâteḥ

La práctica y la indagación sobre los diversos aspectos del Yoga reducen gradualmente los obstáculos como la comprensión defectuosa (II. 3). Entonces la luz de la percepción aparece y la distinción entre lo que percibe y lo que es percibido se hace más y más evidente. Ahora todo puede ser comprendido sin error.

Si la mente se ha librado de los obstáculos que oscurecen la percepción auténtica, ya no puede haber ni error ni defecto en la percepción. Las acciones se ven libres de consecuencias molestas. Patanjali presenta los componentes del Yoga:

II. 29

yamaniyamâsanaprâṇâyâma
pratyâhâradhâraṇâdhyânasamâdhayo 'ṣṭâvangâni

El Yoga presenta los ocho componentes siguientes:

1) Yama: nuestras actitudes respecto a lo que nos rodea.

2) Niyama: nuestras actitudes hacia nosotros mismos.

3) Asana: la práctica de ejercicios físicos.

4) Prânâyâma: la práctica de ejercicios respiratorios.

5) *Pratyâhâra: la sujección de los sentidos.*

6) *Dhâranâ: la capacidad de dirigir la mente.*

7) *Dhyâna: la capacidad de desarrollar interacciones con lo que intentamos comprender.*

8) *Samâdhi: la integración completa con el objeto de nuestra comprensión.*

El orden de presentación va de la relación exterior a un estado muy intenso y puro de introspección. Sin embargo, no debe seguirse forzosamente este orden en la práctica. No hay reglas ni recorridos establecidos de antemano. El practicante debe adoptar el recorrido que más le convenga para alcanzar el estado descrito en el sûtra I. 2. Todos ellos se desarrollan simultáneamente a medida que el individuo progresa.

II. 30

Los ocho componentes del Yoga son examinados en los siguientes sûtras:

ahiṁsâsatyâsteyabrahmacaryâparigrahâ yamâḥ

Yama comprende:

1) *La consideración hacia todos los seres vivos, en particular hacia los inocentes, los que están en apuros o en una situación peor que la nuestra.*

2) *La comunicación adecuada por medio del lenguaje, escritos, gestos y acciones.*

3) *El abandono de la codicia o la capacidad de resistir al deseo de lo que no nos pertenece.*

4) *La moderación en todos nuestros actos.*

5) *El abandono de la avaricia o capacidad de aceptar solo lo apropiado.*

Nuestro modo de manifestar estas cualidades, nuestro modo de luchar por poseerlas depende, inevitablemente, de nuestro medio social y cultural, de nuestras creencias religiosas, de nuestro carácter y de nuestras propias posibilidades. Pero su forma de presentación en cada individuo muestra el grado de actividad de los obstáculos mentales en él. Nuestro comportamiento hacia los demás y hacia el mundo circundante revela nuestro estado mental y nuestra personalidad. El modo de llamar a la puerta revela el carácter del visitante.

II. 31

jâtideshakâlasamayânavacchinnâḥ
sârvabhaumâ mahâvratam

CUANDO LA ADOPCIÓN DE ESTAS ACTITUDES FRENTE AL MUNDO QUE NOS RODEA YA NO ES UN MERO COMPROMISO, SEA CUAL SEA LA SITUACIÓN SOCIAL, CULTURAL, INTELECTUAL E INDIVIDUAL, ES QUE SE ACERCA A LA IRREVERSIBILIDAD.

No podemos comenzar con tales actitudes. Si las adoptamos brutalmente, no podremos sostenerlas. Siempre nos excusamos por no mantenerlas. Pero si intentamos identificar las razones que nos empujan a mantener criterios contrarios a ellas, si aislamos los obstáculos que fomentan dichos criterios, nuestras actitudes cambiarán gradualmente. Los obstáculos cederán, nuestro comportamiento frente a los demás y frente a nuestro entorno mejorará.

II. 32

shaucasaṅtoṣatapaḥsvâdhyâyeshvarapraṇidhânâni niyamâḥ

Niyama comprende:

1) *La limpieza, es decir, mantener limpio y aseado nuestro cuerpo y nuestro entorno.*

2) *El contentamiento, o facultad de sentirse a gusto con lo que se posee y lo que no se posee.*

3) *La eliminación de las impurezas que hay en nuestro organismo físico y mental por la práctica de hábitos correctos de sueño, ejercicio, nutrición, trabajo y relajación.*

4) *El estudio y la necesidad de revisar y evaluar nuestros progresos.*

5) *La veneración de una inteligencia superior o aceptación de nuestros límites frente a Dios, el Omnisciente.*

Como en el caso de nuestras actitudes frente a los demás y nuestro entorno, estas prioridades se establecen por sí mismas; las actitudes correctas se desarrollan paralelamente a la corrección de nuestros errores y de nuestros actos generadores de problemas.

II. 33

¿Cómo podemos examinar y reexaminar nuestras actitudes hacia los demás?

vitarkabâdhane pratipakṣabhâvanam

CUANDO ESTAS ACTITUDES SON CUESTIONADAS, PUEDE SER ÚTIL LA REFLEXIÓN SOBRE LAS POSIBLES CONSECUENCIAS DE OTRAS ACTITUDES ALTERNATIVAS.

Esto significa que debemos encontrar medios para examinar intelectualmente las consecuencias de diferentes actitudes posibles en un momento y circunstancia concretos. ¡Hay que mirar antes de saltar!

II. 34

Patanjali detalla más este punto:

vitarkâ himsâdayaḥ kṛtakâritânumoditâ
lobhakrodhamohapûrvakâ mṛdumadhyâdhimâtrâ
duḥkhâjñânantaphalâ iti pratipakṣabhâvanam

POR EJEMPLO, UN DESEO SÚBITO DE ACTUAR CON RUDEZA, DE APOYAR O APROBAR ACCIONES DURAS, PUEDE SER FRENADO REFLEXIONANDO SOBRE SUS

CONSECUENCIAS NOCIVAS. ACTOS DE ESTE TIPO PROVIENEN, A MENUDO, DE INSTINTOS INFERIORES COMO LA CÓLERA, LA POSESIVIDAD O UN JUICIO DEFICIENTE. SEA CUAL SEA LA IMPORTANCIA DE ESTAS ACCIONES, LA REFLEXIÓN EN UNA ATMÓSFERA FAVORABLE PUEDE FRENAR NUESTROS DESEOS DE ACTUAR DE ESTA MANERA.

A menudo, ni nuestras actitudes para con los demás, ni las situaciones ni las ideas son totalmente transparentes. En este punto el apresuramiento puede hacernos caer en situaciones indeseadas. En tales circunstancias cualquier oportunidad de replantear una cuestión debe ser muy tenida en cuenta. ¡Vale más prevenir que curar!

II. 35

Hay que recordar que se presentan variaciones individuales. Algunos de entre nosotros pueden sentirse muy cómodos en el examen de sus motivos y actitudes. Otros encontrarán muy arduo reflexionar sobre ellos mismos. Patanjali señala unos signos de progreso en cada una de las diez actitudes enumeradas en los sûtras II. 30 y II. 32.

ahiṁsâpratiṣṭhâyâṁ tatsaṅnidhau vairatyâgaḥ

CUANTO MÁS CONSIDERADO SE ES, MÁS SE ESTIMULAN SENTIMIENTOS AMIGABLES EN TODOS AQUELLOS QUE SE ENCUENTRAN EN NUESTRA PRESENCIA.

Incluso aquellos que, en otras ocasiones y con otras personas, manifiestan frialdad pueden mostrarse bajo un aspecto diferente y serán amables en nuestra presencia.

II. 36

satyapratiṣṭ hâyâṁ kriyâphalâshrayatvam

QUIEN MUESTRA UN FINO SENTIDO DE LA COMUNICACIÓN NO ERRARÁ EN SUS ACTOS.

La capacidad de ser honesto en la comunicación, de comunicar con sensibilidad, sin herir a nadie, sin mentir, con la necesaria reflexión requiere un estado de ser muy puro. Tales personas ya no pueden equivocarse en sus actos.

II. 37

asteyapratiṣṭ hâyâṁ sarvaratnopasthânam

QUIEN ES DIGNO DE CONFIANZA, PORQUE NO CODICIA LO QUE PERTENECE A OTROS, TIENE NATURALMENTE LA CONFIANZA, DE TODOS, QUE LO COMPARTEN TODO CON ÉL, POR MUY PRECIOSA QUE SEA LA COSA A COMPARTIR.

II. 38

brahmacaryapratiṣṭ hâyâṁ vîryalâbhaḥ

A SU MÁS ALTO NIVEL, LA MODERACIÓN PRODUCE LA MÁS ALTA VITALIDAD INDIVIDUAL.

Si queremos desarrollar la moderación en toda cosa, nada se desperdicia. Demasiado de cualquier cosa engendra problemas; no poseer suficiente puede ser igualmente inadecuado.

II. 39

aparigrahasthairye janmakathamtâsambodhah

QUIEN NO ES AVARICIOSO ESTÁ SEGURO. TIENE TIEMPO DE ENTREGARSE A LA REFLEXIÓN PROFUNDA. SU COMPRENSIÓN DE SÍ MISMO ES COMPLETA.

Cuanto más poseemos, más debemos ocuparnos de ello. El tiempo y la energía gastados en adquirir y proteger nuevos bienes y en padecer por ellos no pueden ser dedicados a las cuestiones esenciales de la vida. ¿Qué límite deben tener nuestras posesiones? ¿Cuál es su finalidad? ¿Para quién y por cuánto tiempo? La muerte llega antes de que tengamos tiempo de comenzar a plantear estas cuestiones.

II. 40

shaucâtsvângajugupsâ parairasamsargah

LA LIMPIEZA, AL DESARROLLARSE, SEÑALA LO QUE DEBE SER CONSTANTEMENTE CUIDADO Y LO QUE ES ETERNAMENTE LIMPIO. LO QUE SE DETERIORA

ES EXTERIOR. LO QUE NO SE DETERIORA ESTÁ, PROFUNDAMENTE, EN NUESTRO INTERIOR.

Se reduce la preocupación y el apego excesivo, pasajero y superficial, que mostramos por las cosas externas.

II. 41

sattvashuddhisaumanasyaikâgryendriyajayâtmadarshanayogyatvâni ca

ADEMÁS, LLEGAMOS A SER CAPACES DE REFLEXIONAR SOBRE LA MUY PROFUNDA NATURALEZA DE NUESTRA PROPIA INDIVIDUALIDAD, INCLUYENDO LA FUENTE DE LA PERCEPCIÓN, SIN SUFRIR LA DISTRACCIÓN DE LOS SENTIDOS Y LIBRES DE LA COMPRENSIÓN DEFECTUOSA ACUMULADA EN EL PASADO.

El aspecto importante de la vida no es conceder un valor extremo a las cosas externas y, por tanto, atesorarlas a cualquier precio. Se puede ver mucho más en el interior. Vestidos sucios pueden dar un aspecto repugnante a quien los lleva, pero puede cambiar de ropa. Si, por el contrario, hay profunda suciedad interior, no puede eliminarse con tanta facilidad.

II. 42

saṁtoṣâdanuttamaḥ sukhalâbhaḥ

EL RESULTADO DEL CONTENTAMIENTO ES LA FELICIDAD COMPLETA.

La felicidad que obtenemos por la adquisición de posesiones es solo temporal. Hay que encontrar nuevos objetos y adquirirlos para mantener este tipo de felicidad. Es un proceso sin fin. El contentamiento auténtico, que conduce a la felicidad completa y a la beatitud, se diferencia claramente.

II. 43

kâyendriyasiddhirashuddhikṣayâttapasaḥ

La eliminación de las impurezas permite un funcionamiento más eficaz del cuerpo.

Las enfermedades e incapacidades físicas y psíquicas son dominadas.

II. 44

svâdhyâyâdiṣṭ adevatâsaṁprayogaḥ

El estudio, llevado a su más alto grado, nos acerca a fuerzas superiores que ayudan a comprender lo más complejo.

Cuanto más eficaz es nuestro estudio, mejor comprendemos nuestras debilidades y nuestras fuerzas. Debemos aprender a acabar con nuestras debilidades y a hacer el mejor uso de nuestras fuerzas. Entonces no hay límite para nuestra comprensión.

II. 45

samâdhisiddhirîshvarapraṇidhânât

VENERAR A DIOS PROPORCIONA LA CAPACIDAD DE COMPRENDER COMPLETAMENTE CUALQUIER OBJETO QUE SE ELIJA.

Venerar a la Inteligencia Suprema da un sentimiento de confianza. Entonces no es difícil dirigir la mente hacia un objeto, por más complejo que sea.

II. 46

Âsana y *prâṇâyâma*, los dos aspectos siguientes del Yoga (ver sûtra II. 29), son presentados ahora. Nos ayudan a comprender y a usar correcta y apropiadamente nuestro cuerpo y nuestra respiración. Es más cómodo empezar por ellos que por el cambio de nuestras actitudes. Nos permiten, a la mayoría de nosotros, comenzar a reducir los obstáculos que impiden el estado de Yoga. Aquí se dan instrucciones concisas porque estas prácticas deben ser aprendidas directamente de un enseñante competente.

sthirasukhamâsanam

LA ÂSANA DEBE TENER UNA DOBLE CUALIDAD: LA ATENCIÓN Y LA RELAJACIÓN.

La práctica de âsana implica ejercicios corporales. Cuando se practican correctamente, debe haber atención sin tensión y relajación sin embotamiento ni pesadez.

II. 47

prayatnashaithilyânantasamâpattibhyâm

ESTAS CUALIDADES PUEDEN SER OBTENIDAS RECONOCIENDO Y OBSERVANDO LAS REACCIONES DEL CUERPO Y DE LA RESPIRACIÓN A LAS DIFERENTES POSTURAS QUE CONSTITUYEN LA PRÁCTICA DE ÂSANA. UNA VEZ CONOCIDAS, ESTAS REACCIONES PUEDEN SER DOMINADAS PASO A PASO.

II. 48

tato dvaṅdvânabhighâtaḥ

SI ESTOS PRINCIPIOS SE SIGUEN CORRECTAMENTE, LA PRÁCTICA DE ÂSANA AYUDARÁ AL PRACTICANTE A SOPORTAR, E INCLUSO MINIMIZAR, EL EFECTO DE LAS INFLUENCIAS EXTERIORES SOBRE EL CUERPO: LA EDAD, EL CLIMA, LA ALIMENTACIÓN Y EL TRABAJO.

Es el principio de la reducción del efecto producido por los obstáculos como la comprensión defectuosa, al expresar el cuerpo lo que hay en la mente.

Las prácticas del tipo de las âsana comienzan por rectificar los efectos perjudiciales de los obstáculos sobre el cuerpo. El bienestar que se desarrolla nos abre a posibilidades de comprensión más profunda de nosotros mismos. Si sufrimos dolor de espalda, nuestro pensamiento está obsesionado por la idea de apaciguar este mal. Si este disminuye gracias a nuestros esfuerzos en la práctica de âsana, podemos comenzar la exploración de las causas de nuestro dolor.

II. 49

La práctica de las âsana nos permite comprender también nuestro modo de respirar. Los modelos respiratorios son muy personales. Pueden variar como consecuencia de cambios de nuestro estado mental o corporal, derivados de la acción de fuerzas interiores o exteriores. Este conocimiento de la respiración, adquirido por medio de la práctica de *âsana*, es la base de la práctica del prânâyâma.

tasminsatishvâsaprashvâsayorgativicchedaḥ
prâṇâyâmaḥ

EL *PRÂNÂYÂMA* ES LA REGULACIÓN CONSCIENTE Y DELIBERADA DE LA RESPIRACIÓN, QUE REEMPLAZA LAS FORMAS INCONSCIENTES DE RESPIRACIÓN. SOLO ES POSIBLE SI SE TIENE UN CIERTO DOMINIO DE LA PRÁCTICA DE *ÂSANA*.

Esta práctica se realiza normalmente en postura sentada, confortable pero con la espalda muy recta.

II. 50

¿Cuáles son los componentes del *prâṇâyâma*?

bâhyâbhyantarastambhavrttirdeshakâlasaṁkhyâbhiḥ
paridṛṣṭo dîrghasûkṣmaḥ

COMPRENDE LA REGULACIÓN DE LA ESPIRACIÓN, DE LA INSPIRACIÓN Y DE LA SUSPENSIÓN DE LA RESPIRACIÓN. LA REGULACIÓN DE ESTAS TRES FASES SE REALIZA MODULANDO SU DURACIÓN Y MANTENIENDO ESTA MODULACIÓN DURANTE UN CIERTO TIEMPO. LA MENTE DEBE CENTRARSE EN ESTE PROCESO. LOS COMPONENTES DE LA RESPIRACIÓN DEBEN SER, A LA VEZ, LARGOS Y UNIFORMES.

Hay diversas combinaciones posibles en la práctica de *prânâyâma.* Existen numerosas técnicas, pero detallarlas sobrepasaría el propósito de este texto.

II. 51

Un estado respiratorio absolutamente diferente aparece en el estado de Yoga.

bâhyâbhyantaraviṣayâkṣepî caturthaḥ

ENTONCES LA RESPIRACIÓN TRASCIENDE EL PLANO DE LA CONCIENCIA.

No se pueden dar más precisiones.

II. 52

Se citan los resultados de la práctica de *prânâyâma*:

tataḥ kṣîyate prakâshâvaraṇam

LA PRÁCTICA REGULAR DE *PRÂNÂYÂMA* REDUCE LOS OBSTÁCULOS QUE INHIBEN LA CLARA PERCEPCIÓN.

II. 53

dhâraṇâsu ca yogyatâ manasaḥ

LA MENTE ESTÁ PREPARADA AHORA PARA SER DIRIGIDA HACIA UN OBJETIVO ELEGIDO.

II. 54

El quinto aspecto del Yoga (ver II. 29), la sujeción de los sentidos, pratyâhâra, se define ahora:

svaviṣayâsamprayoge cittasya svarûpânukâra ivendriyânâṁ pratyâhâraḥ

LA SUJECIÓN DE LOS SENTIDOS SE PRODUCE CUANDO LA MENTE ES CAPAZ DE PERMANECER EN LA DIRECCIÓN ELEGIDA Y LOS SENTIDOS, QUE SE DESVÍAN DE LOS DIVERSOS OBJETOS DEL ENTORNO, SIGUEN FIELMENTE LA ORIENTACIÓN DE LA MENTE.

II. 55

tataḥ paramâ vashyatendriyâṇâm

ENTONCES LOS SENTIDOS SON DOMINADOS.

Estos cooperan en la indagación elegida en lugar de ser un factor de distracción. La sujeción de los sentidos no puede consistir en una estricta disciplina; se desarrolla a medida que caen en nuestro interior los obstáculos a la percepción.

Capítulo III

Vibhûtipâdaḥ

En este capítulo, Vibhûtipâdaḥ, Patanjali describe la capacidad de la mente de alcanzar un estado libre de distracciones, gracias a las diversas prácticas citadas en los dos primeros capítulos. Tal mente puede explorar objetos y conceptos profundamente. Sus posibilidades son realmente innumerables. El practicante adquiere un conocimiento de los objetos de un nivel desconocido hasta el momento. Sin embargo, incluso este conocimiento puede, a su vez, convertirse en fuente de distracción e impedir que la persona alcance el estado supremo de ser. Este estado superior es la liberación de toda perturbación, en todo momento y sea cual sea. Los tres sûtras siguientes describen el sexto, séptimo y octavo aspectos del Yoga (mencionados por primera vez en el sûtra II. 29). Los cinco primeros aspectos han sido descritos en el capítulo II.

III. 1

deshabandhashcittasya dhâranâ

LA MENTE HA ALCANZADO LA CAPACIDAD DE SER DIRIGIDA (DHÂRANÂ) CUANDO LA DIRECCIÓN HACIA UN OBJETO ESCOGIDO ES POSIBLE, SIN TENER EN CUENTA LA EXISTENCIA DE NUMEROSOS OBJETOS POTENCIALES AL ALCANCE DE LA PERSONA.

El practicante escoge el objeto sin tener en cuenta la atracción ejercida por otras posibilidades. El objeto escogido puede ser de orden sensorial o conceptual, simple o complejo, tangible o intangible. Este estudio puede hacerse en condiciones favorables o muy desfavorables. La capacidad de mantener esta dirección no está presente si la mente está sumergida en distracciones o fuertemente afectada por obstáculos como, por ejemplo, la comprensión defectuosa (ver sûtra II. 3).

III. 2

Una vez fijada la dirección, se crea un vínculo entre las actividades de la mente y el objeto escogido.

tatra pratyayaikatânatâ dhyânam

ENTONCES LAS ACTIVIDADES MENTALES FORMAN UNA CORRIENTE ININTERRUMPIDA, EN RELACIÓN EXCLUSIVA CON EL OBJETO.

Al principio nuestra comprensión está influida por la comprensión defectuosa, por nuestra imaginación y nuestros recuerdos. Pero, a medida que se intensifica el proceso de comprensión, esta se renueva y profundiza nuestro conocimiento del objeto.

III. 3

tadevârthamâtranirbhâsaṁ svarûpashûnyamiva samâdhiḥ

PRONTO LA PERSONA ESTÁ TAN ABSORBIDA POR EL OBJETO QUE YA SOLO ES APARENTE LA COMPRENSIÓN DE DICHO OBJETO. ES COMO SI LA PERSONA HUBIESE PERDIDO SU PROPIA IDENTIDAD. ES LA INTEGRACIÓN COMPLETA EN EL OBJETO DE COMPRENSIÓN (*SAMÂDHI*).

Alcanzado este estado, lo único evidente es el objeto en sí mismo. No somos ni conscientes de ser personas diferenciadas, separadas del objeto. Todas nuestras actividades mentales están integradas totalmente en el objeto y solo en él.

III. 4

Los tres procesos descritos en los sûtras III. 1, 2 y 3 pueden aplicarse a diversos objetos en momentos diferentes o bien ser dirigidos a un solo objeto, durante un periodo indefinido de tiempo.

trayamekatra saṁyamaḥ

CUANDO ESTOS PROCESOS SE APLICAN AL MISMO OBJETO DE FORMA CONTINUA Y EXCLUSIVA, LA PRÁCTICA RECIBE EL NOMBRE DE *SAṀYAMA*.

III. 5

¿Cuáles son los resultados de esta práctica continua y exclusiva llamada *saṁyama*?

tajjayâtprajñâlokaḥ

PRACTICAR *SAṀYAMA* SOBRE UN OBJETO ELEGIDO LLEVA A UN CONOCIMIENTO COMPLETO DE ESTE, EN TODOS SUS ASPECTOS.

III. 6

¿Se puede escoger cualquier objeto al dirigir la mente en el proceso de *saṁyama*? ¿En qué debemos basarnos al elegir?

tasya bhûmisu viniyogaḥ

EL *SAṀYAMA* DEBE DESARROLLARSE GRADUALMENTE.

El objeto de *saṁyama* debe ser escogido según nuestro potencial real para tal estudio. Sería conveniente comenzar por los objetos menos complicados y por aquellos explorables de diversas maneras. Así las posibilidades de éxito son más grandes. Se da por entendido que un enseñante que nos conozca bien puede ayudarnos mucho en la elección de los objetos.

III. 7

Cuando hablamos de la práctica de *saṁyama* o de otra cualquiera no es posible especificar lo que es fácil para una persona dada. Patanjali introduce la idea de relatividad. Todo es relativo.

trayamantaraṅgaṁ pûrvebhyaḥ

COMPARATIVAMENTE, LOS TRES ASPECTOS DEL YOGA DESCRITOS EN LOS SÛTRAS III. 1, 2 Y 3 SON MÁS COMPLEJOS QUE LOS CINCO PRIMEROS ASPECTOS DEL YOGA (SÛTRA II. 29).

Los cinco primeros aspectos se refieren a nuestras actitudes hacia nuestro entorno y hacia nosotros mismos, a la práctica de ejercicios físicos (*âsana*) y respiratorios (*prâṇâyâma*) y a la sujeción de los sentidos (*pratyâhâra*). Son de comprensión y aplicación más fácil que los tres aspectos siguientes. Estos se refieren a la aptitud para dirigir nuestras mentes (*dhâraṇâ*), para crear una interacción perfecta con lo que queremos comprender (*dhyâna*), así como para una completa integración en el objeto de nuestra comprensión (*samâdhi*).

III. 8

Al desarrollar nuestras capacidades podemos, por medio de una disciplina sostenida, purificar y adaptar suficientemente nuestra mente para facilitar el proceso de dirigirla sin dificultad.

Pero si no nos preocupamos de mantener este estado, el estado de distracción recobra su fuerza.

III. 11

Incluso la calidad de distracción puede variar y ser modificada. La mente puede ser caótica o tan pesada que nada pueda perturbarla o incluso ser muy vulnerable a la perturbación. Estas variaciones dependen de nuestras tendencias pasadas y de la forma en que hemos reaccionado ante ellas. Además, hay otro estado intermedio de ser:

sarvârthataikâgratayoḥ kṣayodayau cittasya
samâdhipaṇṇâmaḥ

LA MENTE ALTERNA ENTRE LA POSIBILIDAD DE UNA INTENSA CONCENTRACIÓN Y UN ESTADO EN QUE OTROS OBJETOS PUEDEN LLAMAR SU ATENCIÓN.

La diferencia entre la situación precedente y esta es que, en la primera, la mente oscila entre dos estados opuestos, muy distintos entre sí; mientras que, en la segunda, la diferencia entre ambos estados alternantes es mucho menor. En este último caso la mente tiene más posibilidades de volver a la dirección elegida para la indagación, sin gran pérdida de tiempo ni soportar demasiado tiempo los efectos del estado de distracción.

III. 12

Con unas mentes todavía más sutiles,

tataḥ punaḥ shântoditau tulyapratyayau
cittasyaikâgratâpariṇâmaḥ

LA MENTE ALCANZA UN NIVEL EN QUE PERMANECE EN SÓLIDA Y CONTINUA RELACIÓN CON EL OBJETO. LAS DISTRACCIONES DEJAN DE APARECER.

Nuestra relación con el objeto ya no se ve interrumpida por las otras tendencias mentales. Se establece una completa comprensión del objeto.

III. 13

Así pues, es evidente que nuestras mentes pueden tener diversas características. Estas características están sometidas también al cambio. La mente, los sentidos y los objetos sensoriales comparten tres características fundamentales: la pesadez, la actividad y la claridad. En cierto modo, la mayor parte de los cambios que se producen en nuestras mentes son posibles porque estas tres cualidades están en un estado de constante fluir. ¿Cómo y cuándo cambian? ¿Cuáles son las combinaciones que dan origen a las diversas características mentales? Este es un tema muy complejo. Ahora bien,

etena bhûtendriyeṣu
dharmalakṣaṇâvasthâpariṇâmâ vyâkhyâtâḥ

ASÍ COMO SE HA ESTABLECIDO QUE LA MENTE TIENE DIFERENTES ESTADOS, QUE ORIGINAN

DIVERSOS MODOS DE COMPORTAMIENTO, ACTITUDES Y POSIBILIDADES EN EL INDIVIDUO, TAMBIÉN SE PUEDE DECIR QUE LOS CAMBIOS EN CUESTIÓN PUEDEN SUCEDER EN TODOS LOS OBJETOS DE PERCEPCIÓN Y EN LOS SENTIDOS. ESTOS CAMBIOS PUEDEN MANIFESTARSE A DISTINTOS NIVELES Y SER INFLUIDOS POR FUERZAS EXTERIORES COMO EL TIEMPO O NUESTRA INTELIGENCIA.

El tiempo puede cambiar una flor abierta en algunos pétalos secos. Un orfebre puede cambiar una pepita de oro en un exquisito colgante. Un metalúrgico puede, a su vez, convertirlo en una aleación capaz de conservar líquidos muy corrosivos. Las características aparentes en un momento dado no constituyen la historia global del objeto. Pero si se conoce todo el potencial, por ejemplo, del oro, es posible fabricar una gran cantidad de productos de propiedades muy diversas. Lo mismo vale para el cuerpo y los sentidos. Las habilidades manuales de un artista son muy diferentes de las de un mecánico. El razonamiento de un filósofo es diferente del de un hombre de negocios.

III. 14

Todas estas diferentes características deben estar situadas en alguna parte, bajo una u otra forma.

shântoditâvyapadeshyadhamânupâtî dharmî

UNA SUSTANCIA CONTIENE TODAS SUS CARACTERÍSTICAS Y, SEGÚN LA FORMA PARTICULAR QUE ADOPTA, APARECERÁN LAS CARACTERÍSTICAS QUE CORRESPONDAN A ESTA FORMA. SIN EMBARGO, SEA CUAL SEA LA FORMA, SEAN CUALES SEAN LAS CARACTERÍSTICAS VISIBLES, EXISTE UNA BASE QUE LAS ABARCA TODAS. CIERTAS CARACTERÍSTICAS APARECIERON EN EL PASADO, OTRAS APARECEN AHORA Y OTRAS PUEDEN REVELARSE EN EL FUTURO.

Los sûtras III. 9 a III. 14 significan que todo lo que percibimos es un hecho, no una ficción. Pero estos hechos están sometidos al cambio. Estas dos reglas de Patanjali, conocidas bajo los nombres de *satvâda* y *pariṇâmavâda* son las bases de toda esta enseñanza.

III. 15

¿Se puede influir en los cambios de características de las sustancias?

kramânyatvaṁ pariṇâmânyatve hetuḥ

AL CAMBIAR EL ORDEN O SECUENCIA DEL CAMBIO, LAS CARACTERÍSTICAS DE UN TIPO DETERMINADO PUEDEN SER MODIFICADAS HACIA OTRO TIPO DISTINTO.

El cambio sigue una secuencia, pero esta puede modificarse. Un río que pasa por un valle puede ser desviado a través de un túnel. La inteligencia que aprovecha esta posibilidad es lo que produce las diversas formas de cambio.

III. 16

En cierto modo, *saṁyama* es el proceso que consiste en cambiar nuestro potencial mental, pasando de una comprensión incompleta, errónea de un objeto (o incluso de una ausencia total de comprensión) a la comprensión total. Cuando se ha desarrollado este potencial, la persona puede escoger cualquier objeto para conseguir un conocimiento profundo de él. Los objetos pueden ser externos, dentro de los límites de la percepción sensorial o ser conceptos como, por ejemplo, el cambio, el tiempo o la comunicación.

En los sûtras siguientes se dan ejemplos que ilustran tal conocimiento, que resulta de diversos *saṁyamas*. Es una cuestión de elección personal que nosotros hagamos uso de una mente altamente desarrollada para adquirir un conocimiento profundo de naturaleza específica o que nos interese más la verdadera libertad. Esta vale más que la destreza en cualquier campo: es un estado en que todas nuestras acciones son tales que ya no engendran ni arrepentimiento ni pesar. Patanjali nos previene del mal uso del *saṁyama* en otros campos.

El primer ejemplo basado en dirigir la propia mente por medio de *saṁyama* es este:

pariṇâmatrayasaṁyamâdatîtânâgatajñânam

PRACTICAR *SAṀYAMA* SOBRE EL PROCESO DE CAMBIO, SOBRE LA FORMA EN QUE ESTE SUFRE LA INFLUENCIA DEL TIEMPO O DE OTROS FACTORES, DESARROLLA EL CONOCIMIENTO DEL PASADO Y DEL FUTURO.

En los sûtras III. 9 a III. 14 han sido explicados los cambios que se producen en los objetos y los sentidos, así como en la mente. Si profundizamos en esta idea, seremos capaces de ver anticipadamente lo que puede llegar a pasar en una situación dada y lo que ha sucedido en el pasado. El estudio de los astros es el clásico ejemplo.

III. 17

En el contexto de *saṁyama,* Patanjali toma el ejemplo del proceso de comunicación. Existen diversos símbolos y lenguajes para establecer comunicación con otras personas. Estos símbolos y lenguajes padecen la influencia del uso, del empleo abusivo y de las malas interpretaciones. Las lenguas sirven para explicar algo que se ha vivido, que se puede llegar a vivir o que se está viviendo. Un objeto es una entidad en sí mismo. Nuestra capacidad de ver un objeto se basa en nuestro interés y en nuestras potencialidades. Nuestros recuerdos y nuestra imaginación pueden influir en nuestra comprensión. Así pues, no faltan las ocasiones de mala comunicación, a pesar de todos nuestros esfuerzos.

shabdârthapratyayânâmitaretarâdhyâsâtsaṅkaras-tatpravibhâgasaṁyamâtsarvabhûtarutajñânam

PRACTICAR *SAṀYAMA* SOBRE LAS INTERACCIONES ENTRE LENGUAJE, IDEAS Y OBJETOS CONSISTE EN EXAMINAR LOS RASGOS PROPIOS DE LOS OBJETOS, LOS MEDIOS DE DESCRIBIRLOS Y LAS IDEAS Y SUS INFLUENCIAS CULTURALES SOBRE LA MENTE DE QUIENES LOS DESCRIBEN. POR ESTA VÍA SE PUEDE HALLAR EL MODO DE COMUNICACIÓN MÁS PRECISO Y EFICAZ, SEAN CUALES SEAN LAS BARRERAS LINGÜÍSTICAS, CULTURALES O DE OTRO TIPO.

III. 18

La posibilidad de desarrollar hábitos y tendencias individuales existe en todos los sectores de la actividad humana. Algunos hábitos o tendencias son más evidentes que otros.

saṁskârasâkṣâtkaraṇâtpûrvajâtijñânam

PRACTICAR *SAṀYAMA* SOBRE LAS PROPIAS TENDENCIAS Y HÁBITOS CONDUCE A SUS ORÍGENES. EN CONSECUENCIA, SE ADQUIERE UN CONOCIMIENTO PROFUNDO DEL PROPIO PASADO.

Averiguamos cómo se han desarrollado nuestro comportamiento y nuestras características personales, qué hechos pasados han influido en nuestras actitudes, en nuestros gustos y aversiones. Averiguamos hasta qué punto están ligados a nuestra herencia, a las tradiciones, a las exigencias sociales, etc. Cuando se conocen estas raíces, podemos revisar nuestro modo de vida y mejorarlo.

III. 19

Cada actividad mental produce unos efectos físicos particulares. Así, nuestros rasgos físicos, nuestra postura y nuestra respiración cambian según estemos durmiendo o encolerizados.

pratyayasya paracittajñânam

PRACTICAR *SAṀYAMA* SOBRE LOS CAMBIOS QUE SOBREVIENEN EN LA MENTE DE UNA PERSONA Y SUS CONSECUENCIAS DESARROLLA EN NOSOTROS LA CAPACIDAD DE OBSERVAR CON AGUDEZA EL ESTADO MENTAL DE LOS DEMÁS.

Entonces podemos ver cómo se forman los estados mentales en los demás. Las expresiones físicas, los ritmos respiratorios y otros factores revelarán agitación, confusión, duda, miedo, etc.

III. 20

Pero ¿podemos, gracias a esta facultad, descubrir el origen del estado mental?

na ca tatsâlambanaṃ tasyâviṣayîbhûtatvât

No. La causa del estado mental de una persona está más allá del campo de observación de otra.

Objetos diferentes producen reacciones diferentes en cada individuo. Nuestro campo de observación se limita a los síntomas y no puede extenderse a las causas.

III. 21

Los rasgos físicos de una persona son reconocibles gracias a que se diferencian de los del entorno. Del mismo modo se ve una mancha blanca en una pared negra y, en cambio, una mancha negra no.

kâyarûpasaṁyamâttadgrâhyashaktistambhe cakṣuḥprakâshâsaṁ prayoge 'ntardhânam

Practicar *saṁyama* sobre la relación que existe entre los rasgos físicos y lo que los influencia puede darnos el medio de fusionarnos con nuestro entorno, de manera que nuestra propia forma pasa a ser indiscernible.

Este principio es comparable al de los camuflajes empleados por los camaleones u otros animales salvajes. Así un espía experimentado puede fusionar su forma humana con su entorno, por muy al descubierto que esté; para ello desarrolla una fina conciencia de lo que le distingue de su entorno y minimiza los efectos distintivos, colocando, moviendo y modelando cuidadosamente su forma humana.

III. 22

Nuestras acciones se ven influidas por el propósito de la acción, el estado mental de quien actúa, la claridad de que disponemos y las circunstancias.

sopakramaṁ nirupakramaṁ ca karma
tatsaṁyamâdaparântajñânamariṣṭebhyo vâ

LOS RESULTADOS DE LAS ACCIONES PUEDEN SER INMEDIATOS O RETARDADOS. PRACTICAR *SAṀYAMA* SOBRE ESTO PUEDE CONFERIR LA CAPACIDAD DE PREDECIR LA SUCESIÓN DE ACCIONES FUTURAS E INCLUSO LA PROPIA MUERTE.

III. 23

maitryâdiṣu balâni

CUALIDADES COMO LA AMISTAD, LA COMPASIÓN Y EL CONTENTAMIENTO PUEDEN SER OBJETO DE INDAGACIÓN POR MEDIO DE LA PRÁCTICA DE *SAṀYAMA*. ASI SE PUEDE APRENDER A REFORZAR LA CUALIDAD QUE SE QUIERA.

Del mismo modo es posible obtener capacidades físicas y psíquicas específicas.

III. 24

Por ejemplo:

baleṣu hastibalâdîni

PRACTICAR *SAṀYAMA* SOBRE LA FUERZA FÍSICA DEL ELEFANTE PUEDE DARNOS SU FUERZA.

Evidentemente, esto no significa que adquiramos fuerza de elefante, más bien que podemos obtener una fuerza comparable dentro de los límites del hombre.

III. 25

pravṛttyâlokanyâsâtsûkṣmavyavahitaviprakṛṣṭajñânam

DIRIGIR LA MENTE HACIA LA MISMÍSIMA FUERZA VITAL Y, POR MEDIO DE *SAṀYAMA*, MANTENER ESTA DIRECCIÓN DA COMO RESULTADO EL PODER DE OBSERVAR FINAS SUTILEZAS Y COMPRENDER LO QUE IMPIDE LA OBSERVACIÓN PROFUNDA. EN AUSENCIA DE TALES SUTILES CAPACIDADES NUESTRA OBSERVACIÓN ESTÁ CLARAMENTE LIMITADA.

III. 26

El *saṁyama* puede ser dirigido hacia el cosmos. He aquí algunos ejemplos:

bhuvanajnânaṁ sûrye saṁyamât

PRACTICAR *SAṀYAMA* SOBRE EL SOL DA UN VASTO CONOCIMIENTO DEL SISTEMA PLANETARIO Y DE LAS REGIONES CÓSMICAS.

III. 27

candre târâvyûhajñânam

PRACTICAR *SAṀYAMA* SOBRE LA LUNA DA UN CONOCIMIENTO COMPLETO DE LA POSICIÓN DE LAS ESTRELLAS EN DIFERENTES MOMENTOS.

La observación de las diversas fases de la luna, sus eclipses y su trayectoria nos lleva por todo el cielo, incluyendo todas las estrellas visibles y sus constelaciones.

III. 28

Según nuestro punto de vista, sobre la tierra, todo parece gravitar alrededor de la estrella polar. Así,

dhruve tadgatijñânam

PRACTICAR *SAṀYAMA* SOBRE LA ESTRELLA POLAR DA EL CONOCIMIENTO DE LOS MOVIMIENTOS RELATIVOS DE LAS ESTRELLAS.

III. 29

Incluso las diferentes partes del cuerpo pueden ser objeto de *saṁyama*.

nâbhicakre kâyavyûhajñânam

PRACTICAR *SAṀYAMA* SOBRE EL OMBLIGO DA EL CONOCIMIENTO DE LOS DIVERSOS ÓRGANOS DEL CUERPO Y SU DISPOSICIÓN.

Situado en la parte media del vientre, donde se encuentran tantos órganos vitales, y habiendo sido el canal por el que el cuerpo satisfacía sus necesidades vitales cuando estaba en el seno materno, el ombligo se considera la sede de ciertas fuerzas físicas.

III. 30

kaṇṭhakûpe kṣutpipâsânivṛttiḥ

TOMAR LA GARGANTA COMO PUNTO DE INDAGACIÓN EN *SAṀYAMA* DA LA COMPRENSIÓN DEL HAMBRE Y LA SED. ESTO PERMITE DOMINAR SUS MANIFESTACIONES EXTREMAS.

Como el ombligo, la garganta es una región vital. Nuestro apetito por ciertos alimentos, el hambre y la sed se experimentan en esta zona.

III. 31

kûrmanâḍyaṁ sthairyam

PRACTICAR *SAṀYAMA* SOBRE LA REGIÓN DEL PECHO, LA INVESTIGACIÓN DE LAS SENSACIONES QUE ALLÍ SE SIENTEN EN DIFERENTES ESTADOS FÍSICOS Y

PSÍQUICOS PROCURA LOS MEDIOS PARA PERMANECER ESTABLE Y TRANQUILO, INCLUSO EN SITUACIONES DE GRAN TENSIÓN.

Muchos síntomas de estrés y ansiedad se experimentan en la región pectoral. Las posturas físicas pueden verse afectadas por estados de la mente; una actitud permanentemente encorvada, por ejemplo, puede ser resultado de una falta de confianza en uno mismo.

III. 32

mûrdhajyotiṣi siddhadarshanam

PRACTICAR *SAṀYAMA* SOBRE LA FUENTE DE LA INTELIGENCIA SUPERIOR EN UNA PERSONA DESARROLLA CAPACIDADES SUPRANORMALES.

Esto puede valernos el apoyo de fuerzas divinas y una visión ampliada. Por consiguiente,

III. 33

prâtibhâdvâ sarvam

TODO PUEDE SER COMPRENDIDO. UNA COMPRENSIÓN NUEVA Y ESPONTÁNEA APARECE A CADA PASO.

III. 34

El corazón está considerado como la sede de la mente.

hrdaye cittasaṁvit

PRACTICAR *SAṀYAMA* SOBRE EL CORAZÓN REVELARÁ, SIN DUDA ALGUNA, LAS CUALIDADES DE LA MENTE.

Esto solo es posible si estamos tranquilos y en calma. No se puede ver el color del agua de un lago si está agitado.

III. 35

sattvapuruṣayoratyantâsaṅkîrṇayoḥ pratyayâvisheṣobhogaḥ parârthatvâtsvârthasamyamâtpuruṣajñânam

LA MENTE, QUE ESTÁ SUJETA A CAMBIO Y «LO QUE PERCIBE», QUE NO LO ESTÁ, ESTÁN PRÓXIMOS PERO SON, SIN EMBARGO, DE CARÁCTER DISTINTO Y DIFERENCIADO. CUANDO LA MENTE ES DIRIGIDA HACIA EL EXTERIOR Y ACTÚA DE FORMA MECÁNICA, DIRIGIÉNDOSE HACIA LOS OBJETOS, HAY PLACER O DOLOR. SIN EMBARGO, CUANDO EN EL MOMENTO ADECUADO UNA PERSONA INICIA UNA INDAGACIÓN SOBRE LA NATURALEZA MISMA DEL VÍNCULO ENTRE «LO QUE PERCIBE» Y LA PERCEPCIÓN, LA MENTE ES DESCONECTADA DE LOS OBJETOS EXTERNOS Y APARECE LA COMPRENSIÓN DE «LO QUE PERCIBE».

Bajo la influencia de estímulos externos, la mente es un instrumento mecánico. Los resultados pueden ser desagradables. Esto sucede a pesar de la fuerza central de «lo que percibe». Por bueno que sea nuestro ojo, si el cristal está empañado, el objeto será percibido de forma borrosa. Por la práctica de *saṁyama* y de Yoga, de acuerdo con el sûtra II. 1, podemos explorar los mecanismos de la actividad mental. Nuestras mentes alcanzan gradualmente un nivel en el que pueden estar desconectadas de los objetivos externos. En este momento de silencio se hace evidente la comprensión de la fuente misma de la percepción.

III. 36

¿Qué consecuencias tiene tal momento?

tataḥ prâtibhashrâvaṇavedanâdarshâsvâdavârtâ jâyante

COMIENZA ENTONCES LA ADQUISICIÓN DE APTITUDES EXTRAORDINARIAS DE PERCEPCIÓN.

III. 37

Pero la mente es comparable a una espada de doble filo. Estas facultades especiales adquiridas por medio de saṁyama amenazan con crear una ilusión de libertad, en oposición al estado más elevado, libre de error.

te samâdhâvupasargâ vyutthâne siddhayaḥ

PARA UNA PERSONA QUE HA DE RECAER EN UN ESTADO DE DISTRACCIÓN, VALE LA PENA POSEER

ESTE CONOCIMIENTO EXTRAORDINARIO Y LAS CAPACIDADES ADQUIRIDAS POR MEDIO DE *SAṀYAMA*. PERO PARA ALGUIEN QUE BUSCA ÚNICAMENTE UN ESTADO CONTINUO DE YOGA, LOS RESULTADOS DEL *SAṀYAMA* SON OBSTÁCULOS EN SÍ MISMOS.

Los beneficios incidentales que jalonan la ruta no deben ser confundidos con el objetivo final. Por agradables que sean nuestras experiencias durante un viaje, no pueden reemplazar el destino elegido. Por ejemplo, de camino a las cumbres nevadas, nos detenemos a la orilla de un lago para contemplar los magníficos cisnes y olvidamos para siempre nuestro destino inicial.

Después de habernos prevenido contra los límites del *saṁyama*, Patanjali evoca otras posibilidades que ofrece esta práctica.

III. 38

La mente es un almacén de experiencias, aunque diferente para cada persona. Además, su función se limita al individuo al que pertenece. Así pues, la mente llega a ser como una fortaleza aislada que resiste a toda irrupción.

bandhakâraṇashaithilyâtpracârasamvedanâcca
cittasya parasharîrâveshaḥ

POR LA INDAGACIÓN SOBRE LA CAUSA DE ESTA RÍGIDA SITUACIÓN QUE LIGA LA MENTE AL INDIVIDUO Y POR EL EXAMEN DE LOS MEDIOS

PARA RELAJAR ESTA RIGIDEZ, APARECE UN GRAN POTENCIAL EN EL INDIVIDUO PARA IR MÁS ALLÁ DE SUS LIMITES PERSONALES.

La mente ha de ser capaz de distinguir los resultados de acciones pasadas que impiden la percepción clara. Gracias a la práctica sistemática de *prâṇâyâma* y de otras disciplinas, el campo de las actividades mentales puede ser extendido para ejercer una influencia sobre otras personas. Un enseñante que pretenda transformar a un alumno estúpido o confuso debe poseer esta facultad.

III. 39

El dolor físico está íntimamente ligado a la mente. Un niño totalmente absorto en el juego puede olvidar su hambre. Más tarde, reclamará violentamente comida con su llanto. Las manifestaciones físicas de sensaciones como el dolor, están vinculadas a la mente por medio de las fuerzas vitales que recorren el cuerpo. Gracias a ciertas prácticas como el prâṇâyâma, estas fuerzas pueden ser dirigidas y pueden producirse diversos efectos por medio de modificaciones específicas.

udânajayâjjalapaṅikakaṇṭakâdiṣvasaṅga utkrântishca

POR EL DOMINIO DE LAS FUERZAS QUE TRANSMITEN LAS SENSACIONES DEL CUERPO A LA MENTE, ES POSIBLE DOMINAR LOS ESTÍMULOS EXTERNOS. POR EJEMPLO, SE PUEDE SOPORTAR EL CONTACTO DEL

AGUA A CUALQUIER TEMPERATURA O LOS PINCHAZOS DE ESPINAS; SE PUEDE CAMINAR SOBRE SUPERFICIES INESTABLES E INCLUSO SENTIRSE TAN LIGERO COMO UN GLOBO.

El frío, el calor, las espinas aceradas tienen efectos relativos. Un verano en el Ártico puede parecer invernal a alguien que viva habitualmente en los trópicos. Por el contrario, un invierno tropical puede parecer demasiado cálido a alguien habituado al clima ártico. Para un campesino de la India caminar por un arrozal es tan cómodo como pisar pavimento lo es para un habitante de Nueva York.

III. 40

Las fuerzas vitales, prâṇa, tienen diferentes papeles y diferentes áreas de actividad. Por ejemplo, samâna es responsable de la digestión y se localiza en la región del ombligo.

samânajayâjjvalanam

POR EL DOMINIO DE SAMÂNA SE PUEDEN EXPERIMENTAR SENSACIONES DE CALOR EXCESIVO.

La digestión se realiza cuando las secreciones gástricas transforman el alimento que entra en el estómago. Si samâna es estimulado, la sensación de calor aumenta. Se sugiere la técnica de *prâṇâyâma* que insiste en la retención de la respiración después de la inspiración. Pueden ser tenidas igualmente en cuenta otras técnicas.

III. 41

Sabemos que el sonido viaja a través del espacio.

shrotrâkâshayoḥ saṁbandhasamyaṁâddivyaṁ shrotraṁ

PRACTICAR *SAṀYAMA* SOBRE LA RELACIÓN ENTRE EL OÍDO Y EL ESPACIO DESARROLLA UN EXTRAORDINARIO SENTIDO DE LA AUDICIÓN.

III. 42

El hombre tiene interés, desde hace largo tiempo, por la relación que existe entre los objetos físicos y el espacio. ¿Por qué los pájaros pueden volar y una piedra cae?

kâyâkâshayoḥ saṁbandhasaṁyamâl-
laghutûlasamâpatteshcâkâshagamanam

POR LA PRÁCTICA DE *SAṀYAMA* SOBRE LA RELACIÓN ENTRE EL CUERPO Y EL ESPACIO Y POR EL ESTUDIO DE LAS PROPIEDADES DE LOS OBJETOS QUE FLOTAN EN EL AIRE, COMO UNA FLOR DE ALGODÓN, PUEDE CONSEGUIRSE EL CONOCIMIENTO DEL DESPLAZAMIENTO EN EL ESPACIO.

Esto no significa que podamos aprender a flotar físicamente en el espacio, sino que podemos llegar a comprender lo que es «flotar». Del mismo modo, las propiedades de un grano de algodón le impiden flotar en el aire, pero este mismo grano, transformado en flor de algodón, flota con facilidad.

III. 43

La mente influye en nuestra percepción por medio de la memoria, de la imaginación y de otras características como, por ejemplo, la pesadez. Pero esta misma mente puede verse modificada hacia un estado en que esta no altere la percepción de un objeto. Cuando sucede esto, nuestra percepción del objeto es correcta. Además, es posible alejar la mente de la percepción de un objeto, por más atractivo y tentador que sea.

bahirakalpitâ vṛttirmahâvidehâ tataḥ prakâshâvaraṇaksayaḥ

CON EL ESTUDIO DE ESTOS FENÓMENOS Y CON EL DESARROLLO DE LAS CONDICIONES EN LAS QUE LA MENTE NO COMETE ERROR DE PERCEPCIÓN APARECE UNA FACULTAD EXTRAORDINARIA QUE PERMITE SONDEAR LA MENTE DE LOS DEMÁS. TAMBIÉN SE REDUCEN LAS NUBES QUE OSCURECEN LA PERCEPCIÓN CORRECTA.

Tales desarrollos solo son posibles por etapas. Las nubes ensombrecedoras son los obstáculos descritos en el sûtra II. 3.

III. 44

sthûlasvarûpasûkṣmânvayârthavattvasam-
yamâdbhûtajayaḥ

LA PRÁCTICA DE *SAṀYAMA* SOBRE EL ORIGEN DE LA MATERIA, BAJO TODAS SUS FORMAS,

MANIFESTACIONES Y USOS, PERMITE DESARROLLAR EL DOMINIO DE LOS ELEMENTOS.

La materia está constituida por multiformes elementos entrelazados. Cada elemento tiene una existencia propia. Constituyen el cuerpo y también lo externo al cuerpo y sus características cambian. Forman la base misma de los objetos que percibimos y si desconocemos su naturaleza tendremos problemas.

III. 45

Por consiguiente,

tato 'ṇimâdiprâdurbhâvaḥ
kâyasaṁpattaddharmânabhighâtashca

CUANDO LOS ELEMENTOS SON DOMINADOS YA NO SE ES PERTURBADO POR ELLOS. EL CUERPO ALCANZA LA PERFECCIÓN Y YA SON POSIBLES CAPACIDADES EXTRAORDINARIAS.

Citemos entre ellas la facultad de modificar nuestro cuerpo hacia una gran pesadez, una gran ligereza, etcétera.

III. 46

rûpalâvaṇyabalavajrasamhananatvâni kâyasampat

LA PERFECCIÓN DEL CUERPO SE TRADUCE EN BELLOS RASGOS, ENCANTO A LOS OJOS DE LOS DEMÁS, FIRMEZA Y FUERZA FÍSICA INHABITUALES.

III. 47

grahaṇasvarûpâsmitânvayârthavattva-
saṁyamâdindriyajayaḥ

El dominio de los sentidos se adquiere por la práctica de *saṁyama* sobre la facultad sensorial de observar sus respectivos objetos, sobre la manera en que estos objetos son comprendidos, en que la persona se identifica con el objeto, en que los objetos, los sentidos, la mente y «Lo que percibe» están en relación mutua y sobre lo que resulta de dicha percepción.

Los sentidos, el objeto y la mente deben estar interrelacionados para que pueda materializarse una observación. Esto es posible gracias al poder de «Lo que percibe», por una parte, y al de la mente y los sentidos para registrar el objeto, por otra parte. Además, las tres características comunes a la mente, los sentidos y los objetos en sus variadas combinaciones (la pesadez, la actividad y la claridad) ayudan a la percepción tanto como la afectan.

III. 48

tato manojavitvaṁ vikaraṇabhâvaḥ
pradhânajayashca

Entonces la reacción de los sentidos será tan rápida como la de la mente. Estos

PERCIBIRÁN CON AGUDEZA Y LA PERSONA SERÁ CAPAZ DE INFLUIR EN LAS CARACTERÍSTICAS DE LOS ELEMENTOS.

Por medio de este tipo de *saṁyama* los cambios que padecen los elementos pueden ser controlados a voluntad. Además, adquirimos el conocimiento necesario para determinar dichos cambios, tal y como el químico, con su saber de especialista, puede transformar un cuerpo compuesto como el agua de mar en sus componentes químicos.

III. 49

sattvapurusânyatâkhyâtimâtrasya
ṣarvabhâvâdhiṣṭhâtṛ vaṁ sarvajñâtṛ vaṁ ca

CUANDO SE LLEGA A UNA COMPRENSIÓN CLARA DE LA DIFERENCIA QUE EXISTE ENTRE «LO QUE PERCIBE» Y LA MENTE, SE CONOCEN LOS DIVERSOS ESTADOS DE LA MENTE Y LO QUE LOS AFECTA. ASÍ LA MENTE PASA A SER UN INSTRUMENTO PERFECTO PARA LA PERCEPCIÓN SIN DEFECTO DE TODO LO QUE DEBE SER CONOCIDO.

III. 50

Estas aptitudes extraordinarias que pueden adquirirse por la práctica de *saṁyama* no deben ser el objetivo final. De hecho,

tadvairâgyâdapi doṣabîjakṣaye kaivalyam

La libertad, fin último del Yoga, solo se alcanza si se abandona el deseo de adquirir conocimientos extraordinarios y si se domina totalmente la fuente de los obstáculos.

III. 51

Así es,

sthânyupanimantraṇe saṅgasmayâkaraṇam punaraniṣṭaprasaṅgât

La tentación de aceptar la consideración social, consecuencia de los conocimientos adquiridos por *saṁyama* debe ser superada. De otro modo, uno se enfrenta a las mismas consecuencias desagradables que proceden de todos los obstáculos que se levantan a lo largo de la vía que conduce al estado de Yoga.

La confusión de valores es uno de estos obstáculos. La caída es segura si se concede más valor a la veneración que proporciona este conocimiento superior que a la liberación eterna de las consecuencias dolorosas de nuestra acción.

III. 52

kṣaṇatatkramayoḥ saṁyamâdvivekajaṁ jñânaṁ

PRACTICAR *SAṀYAMA* SOBRE EL TIEMPO Y SU SECUENCIA HACE NACER LA CLARIDAD ABSOLUTA.

La claridad es la capacidad de distinguir la diferencia que existe entre un objeto y otro y de ver cada uno de ellos en su totalidad, sin impedimentos. El tiempo es relativo: existe por la comparación de un momento con otro. Una unidad de tiempo es, de hecho, una representación del cambio. El cambio consiste en la sustitución de una característica por otra. Este vínculo entre el tiempo y el cambio es lo que se debe examinar en el presente *samyama*.

III. 53

jâtilakṣaṇadeshairanyatânavacchedâttulyayostataḥ pratipattiḥ

ESTA CLARIDAD PERMITE DIFERENCIAR OBJETOS, INCLUSO CUANDO LA DIFERENCIA NO ES, APARENTEMENTE, MUY CLARA. UNA SEMEJANZA APARENTE NO DEBERÍA DESVIARNOS DE LA PERCEPCIÓN DIFERENCIADA DE UN OBJETO ELEGIDO.

III. 54

Además,

târakaṁ sarvaviṣayaṁ sarvathâviṣayamakramaṁ ceti vivekajaṁ jñânam

UNA CLARIDAD TAL NO EXCLUYE NINGÚN OBJETO, NINGUNA SITUACIÓN PARTICULAR, NINGÚN

MOMENTO. ESTA NO ES RESULTADO DE LA LÓGICA ORDENADA. ES INMEDIATA, ESPONTÁNEA Y TOTAL.

III. 55

¿Qué es la libertad?

sattvapuruṣayoḥ shuddhisâmye kaivalyam

LA LIBERTAD ES AQUELLA SITUACIÓN EN LA QUE LA MENTE ESTÁ EN IDENTIDAD TOTAL CON «LO QUE PERCIBE».

Y no menos. Entonces la mente no tiene ni color ni rasgos propios.

Capítulo IV

Kaivalyapâdaḥ

En este capítulo, el último de los *Yoga-Sûtra,* Kaivalyapâdaḥ, Patanjali presenta las posibilidades que se ofrecen a una persona que haya adquirido una mente altamente purificada. La mente es, fundamentalmente, un servidor, no un amo. Al permitir a la mente ejercer de amo, la persona, consiga lo que consiga, estará finalmente expuesta a problemas y la serenidad quedará fuera de su alcance.

IV. 1

janmauṣadhimantratapaḥsamâdhijâḥ siddhayaḥ

FACULTADES MENTALES EXCEPCIONALES PUEDEN SER ADQUIRIDAS POR MEDIO DE: LA HERENCIA GENÉTICA, EL EMPLEO DE PLANTAS (COMO ESTÁ PRESCRITO EN LOS VEDAS), LA RECITACIÓN DE ENCANTAMIENTOS, LA PRÁCTICA RIGUROSA DE AUSTERIDADES Y POR ESE ESTADO DE LA MENTE QUE PERMANECE EN CONTACTO CON SU OBJETO, SIN DISTRACCIONES (SAMÂDHI).

Algunas personas nacen dotadas de facultades extraordinarias. Los Vedas describen diversos rituales en los que la ingestión de preparados de plantas, de la manera prescrita, puede cambiar la personalidad de un individuo. Diversos tipos de encantamientos, aprendidos correctamente de un enseñante competente, pueden conducir a cambios positivos. Los escritos antiguos relatan hechos extraordinarios de aquellos que pasaron por severas austeridades. Finalmente, citemos las posibilidades que se ofrecen a aquellos que consiguen cambiar gradualmente su mente, pasando esta de un estado de distracción a uno de dirección sostenida. Estas posibilidades han sido ampliamente evocadas en el capítulo III y en otros.

La preferencia en la elección de las posibilidades es una cuestión que será examinada en los sûtras IV. 6, 7 y 8.

IV. 2

¿Cómo sobreviene el cambio que da como resultado la aparición de posibilidades excepcionales y supranormales?

jâtyantarapariṇâmaḥ prakṛtyâpûrât

EL CAMBIO QUE VA DE UN CONJUNTO DE CARACTERÍSTICAS A OTRO ES ESENCIALMENTE UN AJUSTE DE LAS CUALIDADES FUNDAMENTALES DE LA MATERIA.

Todo lo que percibimos, incluida la mente, está dotado de tres cualidades fundamentales: la claridad, la actividad y la pesadez. Según las combinaciones de estas cualidades aparecen diferentes características en momentos distintos. Toda característica que pueda existir proviene de una combinación de estas tres cualidades. Es uno de estos cambios en las características de la mente lo que desemboca en las facultades supranor-males, de las que habla Patanjali en el sûtra IV. I.

IV. 3

¿Cómo puede conseguirse un cambio en las características de la materia o de la mente? Por medio de una inteligencia profunda.

nimittamaprayojakaṁ prakṛtînâṁ varaṇabhedastu tataḥ kṣetrikavat

PERO TAL INTELIGENCIA SOLO PUEDE RETIRAR LOS OBSTÁCULOS QUE IMPIDEN CIERTOS CAMBIOS. SU PAPEL NO ES MAYOR QUE EL DE UN CAMPESINO QUE ABRE UNA BRECHA EN UN EMBALSE PARA QUE EL AGUA PUEDA FLUIR HACIA EL CAMPO, DONDE ES NECESARIA.

Esta inteligencia profunda es la capacidad de percibir el papel de las cualidades básicas en la producción de diferentes características. Por ejemplo, el campesino que conoce su campo y lo que su cosecha necesita regulará el flujo de agua para conseguir el mejor rendimiento. Por otra parte, un novato ignorante que se esfuerza en el trabajo de cultivo fracasará a pesar de disponer de tierra, agua, clima y equipamiento potencialmente buenos.

IV. 4

¿Qué posibilidades tiene quien posea facultades supranormales?

nirmâṇacittânyasmitâmâtrât

CON FACULTADES MENTALES EXCEPCIONALES, UNA PERSONA PUEDE INFLUIR EN EL ESTADO MENTAL DE OTROS SERES.

IV. 5

¿Estas influencias son uniformes o variables?

pravṛttibhede prayojakaṁ cittamekamanekeṣâm

ESTA INFLUENCIA DEPENDE TAMBIÉN DEL ESTADO DE QUIEN LA RECIBE.

¿Qué grado de receptividad tiene la persona? ¿Qué aptitudes? ¿Qué deficiencias? Todo ello determina el resultado de la influencia que una persona puede ejercer sobre otra. La misma lluvia puede aliviar a un campesino preocupado por la sequía, inquietar a una madre sin cobijo adecuado para su hijo y puede no tener efecto alguno en alta mar.

IV. 6

¿Solo cuenta el estado de quien recibe una influencia en el resultado final del efecto que una persona pueda tener?

tatra dhyânajamanâshayam

LA INFLUENCIA SOBRE OTRO DE AQUEL CUYA MENTE HAYA ALCANZADO EL ESTADO DE DHYÂNA, NUNCA PUEDE AUMENTAR LA ANSIEDAD U OTROS OBSTÁCULOS. DE HECHO, SE REDUCEN.

Los que han alcanzado este estado de *dhyâna* gracias a la eliminación gradual de los obstáculos (ver II. 3) no son ciegos ante las circunstancias del sufrimiento humano. Ellos saben dónde aprieta el zapato.

IV. 7

karmâshuklâkṛṣṇaṁ yoginastrividhamitareṣâm

Y ESTAS PERSONAS ACTÚAN SIN MOTIVACIÓN ALGUNA, MIENTRAS QUE OTRAS PERSONAS, IGUALMENTE DOTADAS DE FACULTADES EXCEPCIONALES, ACTÚAN CON ALGÚN QUE OTRO MÓVIL.

En el sûtra IV. I Patanjali enumera los diferentes medios que permiten conseguir un estado excepcional o supranormal de la mente. De todos, solo quienes han llegado a un estado de Yoga por la vía justa y por ella han alcanzado el estado supremo de claridad y desapego pueden estar más allá de los móviles. Se comprometen con naturalidad y sin ninguna ambigüedad. Por este motivo pueden ayudar a los demás a imitar su ejemplo viviente. Los otros pueden dar la impresión de estar en estado de Yoga. Pero su claridad y su grado de desapego son menos completos y más temporales. Además, pueden no tener en cuenta las limitaciones que impiden al hombre seguir su consejo.

IV. 8

¿Cómo pueden existir estas diferencias?

tatastadvipâJcânuguṇânâmevâbhivyaktirvâsanânâm

PORQUE LA TENDENCIA DE LA MENTE A ACTUAR BASÁNDOSE EN LOS CINCO OBSTÁCULOS, COMO LA COMPRENSIÓN DEFECTUOSA, NO HA SIDO

ELIMINADA. ESTOS OBSTÁCULOS REAPARECERÁN EN EL FUTURO Y PRODUCIRÁN SUS DESAGRADABLES CONSECUENCIAS.

Solo las prácticas descritas en los capítulos precedentes, para reducir e inactivar los cinco obstáculos, pueden garantizar el fin de estas tendencias. La herencia genética, el empleo de plantas y otros medios no pueden ser tan eficaces.

IV. 9

Además,

jâtideshakâlavyavahitânâmapyânantaryam
smṛtisaṁskârayorekarûpatvât

LA MEMORIA Y LAS IMPRESIONES LATENTES ESTÁN FUERTEMENTE UNIDAS. ESTA UNIÓN PERSISTE INCLUSO CUANDO, ENTRE DOS ACCIONES SEMEJANTES, HAY UN INTERVALO DE TIEMPO, DE ESPACIO O DE CONTEXTO.

Esta unión entre las impresiones y la memoria juega un papel importante en la mayoría de nuestras acciones y sus consecuencias.

IV. 10

¿Cuál es el origen de estas impresiones, que ejercen una desagradable influencia sobre nuestras acciones?

tâsâmanâditvaṁ câshiṣo nityatvât

HAY GRAN ANSIA DE INMORTALIDAD EN TODOS LOS HOMBRES DE TODAS LAS ÉPOCAS. POR CONSIGUIENTE, ESTAS IMPRESIONES NO PUEDEN ATRIBUIRSE A UNA ÉPOCA PARTICULAR.

Un deseo extraño, pero siempre vivo en todos los seres, es el de vivir eternamente. Incluso quienes están cotidianamente en presencia de la muerte tienen este ilógico impulso. Es lo que nos inspira a todos el instinto de autoconservación.

IV. 11

¿No hay ninguna esperanza de poner fin al efecto de estas impresiones indeseables?

hetuphalâshrayâlambanaiḥ
saṅgṛhîtatvâdeṣâmbhâve tadabhâvaḥ

ESTAS TENDENCIAS SON SIMULTÁNEAMENTE MANTENIDAS Y PROTEGIDAS POR LAS COMPRENSIONES DEFECTUOSAS, POR LOS ESTÍMULOS EXTERNOS, POR EL APEGO A LOS FRUTOS DE LA ACCIÓN Y POR LA CUALIDAD DE LA MENTE QUE ALIENTA LA HIPERACTIVIDAD. SU REDUCCIÓN CONVIERTE AUTOMÁTICAMENTE EN INEFICACES LAS IMPRESIONES INDESEABLES.

Ya se han indicado diversos medios de eliminación de estos obstáculos protectores por medio de prácticas reguladas y progresivas. Hay múltiples medios, incluida la ayuda de Dios. Para quienes no tienen en cuenta a Dios hay otros abundantes medios, descritos en los tres primeros capítulos. Recíprocamente, se puede decir también que impresiones libres de los cinco obstáculos son mantenidas y protegidas, a su vez, por una mente capaz de discriminar.

IV. 12

Lo que se manifestará en el futuro y lo que se manifestó en el pasado está, fundamentalmente, en estado de latencia. Lo que ha pasado no ha desaparecido para siempre.

atîtânâgataṁ svarûpato
'styadhvabhedâddharmâṇâm

LA SUSTANCIA DE LO QUE HA DESAPARECIDO Y DE LO QUE PUEDE APARECER EXISTE SIEMPRE. QUE ESTAS COSAS SEAN O NO EVIDENTES DEPENDE DE LA DIRECCIÓN DEL CAMBIO.

Aquí Patanjali insiste, una vez más, en el hecho de que nada puede ser destruido. Lo que se reemplaza en el proceso de cambio queda en estado latente.

IV. 13

te vyaktasûkṣmâ guṇâtmânaḥ

QUE SE MANIFIESTEN O NO LAS CARACTERÍSTICAS PARTICULARES DEPENDE DE LAS MUTACIONES DE LAS TRES CUALIDADES.

Estas cualidades son la pesadez, la actividad y la claridad. Todas las características aparentes son, simplemente, diversas combinaciones de estas tres cualidades fundamentales, que engloban todas las cosas (sûtra II. 18).

IV. 14

pariṇâmaikatvâdvastutattvam

LAS CARACTERÍSTICAS DE UNA SUSTANCIA EN UN MOMENTO DADO REPRESENTAN, DE HECHO, UN SOLO CAMBIO EN ESTAS CUALIDADES.

El propio cambio es un proceso continuo basado en numerosos factores (sûtras III. 9 a 12). El cambio necesario en los objetos y en la mente puede conseguirse gracias al conocimiento de las potenciales combinaciones de estas tres cualidades y de lo que puede influir en ellas. Los ejemplos posibles son múltiples, como el mencionado en el sûtra IV. 3. El alimento y el entorno nos proporcionan otros ejemplos.

IV. 15

Pero, ¿las características que se muestran a un observador son las características reales?

vastusâmye cittabhedâttayorvibhaktaḥ panthâḥ

LAS CARACTERÍSTICAS DE UN OBJETO APARECEN DE FORMA DIVERSA, SEGÚN LOS ESTADOS MENTALES DEL OBSERVADOR.

Esto se aplica a un observador dado, cuyos estados mentales varían según los momentos, pero también a diversos observadores dotados de estados mentales diferentes y que observan el objeto al mismo tiempo. Por eso un templo hindú es un lugar de culto para un creyente, un monumento artístico para un turista, un lugar donde pedir limosna para un mendigo, un objeto de burla, incluso, para un ateo.

IV. 16

¿No suscita esto dudas acerca de la realidad habitual de los objetos? ¿Un objeto puede estar, simplemente, en la imaginación de una persona sin tener realidad independiente?

na caikacittatantraṁ cedvastu tadapramâṇakaṁ
tadâ kiṁ syât

SI EL OBJETO NO FUESE MÁS QUE LA CONCEPCIÓN MENTAL DE ALGUIEN EN PARTICULAR, ¿EXISTIRÍA DICHO OBJETO EN AUSENCIA DE DICHA PERCEPCIÓN?

Patanjali plantea una pregunta retórica. La respuesta es evidente: la existencia de un objeto no puede depender solo de la observación de alguien. El río no deja de fluir porque nadie lo mire.

IV. 17

¿De qué depende la percepción de un objeto?

taduparâgâpekṣitvâccittasya vastu jñâtâjñâtam

QUE UN OBJETO SEA O NO PERCIBIDO DEPENDE TANTO DE SU ACCESIBILIDAD COMO DE LA MOTIVACIÓN DE LA PERSONA.

El objeto debe existir. Debe ser observable. Debe motivar al observador y estimular un deseo de verlo.

IV. 18

¿Qué es lo que ve? ¿Es la mente?

sadâ jñâtâshcittavṛttayastatprabhoḥ
puruṣasyâpariṇâmitvât

LAS ACTIVIDADES MENTALES SON SIEMPRE CONOCIDAS POR «LO QUE PERCIBE», QUE ES INMUTABLE Y AMO DE LA MENTE.

La mente no puede funcionar sin el poder de «Lo que percibe». La mente cambia, «Lo que percibe» no. La mente tiene la cualidad de la pesadez, «Lo que percibe» no la tiene. Por consiguiente, todas las actividades mentales son observadas por «Lo que percibe».

IV. 19

na tatsvâbhâsaṁ dṛshyatvât

ADEMÁS, LA MENTE ES PARTE DE LO QUE ES PERCIBIDO Y NO TIENE, POR SÍ MISMA, EL PODER DE PERCIBIR.

La mente es vista por sus actividades, de la misma forma que los objetos externos, el cuerpo y los sentidos.

La mente depende de «Lo que percibe» para su propia existencia.

IV. 20

Supongamos que la mente pudiera tener un doble papel: el de productor de lo que se observa y el de observador.

ekasamaye cobhayânavadhâraṇam

LA PREMISA SEGÚN LA CUAL LA MENTE PODRÍA JUGAR DOS PAPELES ES INSOSTENIBLE, PORQUE LA MENTE NO PUEDE FABRICAR Y VER LO QUE FABRICA A LA VEZ.

Un objeto que existe de manera independiente de un observador puede ser percibido. Pero no se sostiene la idea de una mente que, al mismo tiempo, crea y observa un objeto. Es indispensable otro agente, independiente de la mente y dotado de la facultad de percepción.

IV. 21

Por eso, si emitiéramos el postulado de una sucesión de mentes de existencia momentánea

cittântaradṛshye buddhibuddheratiprasaṅgaḥ
smṛtisankarashca

EN UNA PERSONA QUE POSEYERA TAL SERIE DE MENTES DE EXISTENCIA MOMENTÁNEA, HABRÍA DESORDEN Y DIFICULTAD PARA MANTENER UNA MEMORIA COHERENTE.

Los sûtras IV. 20 y IV. 21 proponen, de hecho, la idea de que existe forzosamente una fuente independiente de percepción. Evidentemente, la mente puede influir en la percepción de un objeto. Este objeto tiene una existencia independiente, separada de la fuente de percepción. Si insistimos en el concepto de la mente como fuente, medio y objeto de percepción (según el momento) tendremos dificultades para comprender la posibilidad de recordar las cosas vistas en el pasado, de compartir lo que se ha visto y de admitir el hecho de que un objeto visto por alguien no es necesariamente visto por otra persona o visto de manera idéntica.

IV. 22

¿Se limita el papel de la mente a facilitar la visión de los objetos externos?

citerapratisaṅkramâyâstadâkârâpattau
svabuddhisaṁvedanam

CUANDO LA MENTE NO ESTÁ EN RELACIÓN CON LOS OBJETOS EXTERNOS Y NO REFLEJA NINGUNA FORMA EXTERNA A «LO QUE PERCIBE», ENTONCES TOMA LA FORMA DEL PROPIO «LO QUE PERCIBE».

En ausencia de estímulos externos y de interés en extrapolar, la mente está desprovista de toda impresión que se refiera a ellos. En este caso la mente está en contacto total con «Lo que percibe» y es idéntica a él. Entonces es posible la cognición de «Lo que percibe». Esta cognición no se realiza por medio de la mente. Este fenómeno se relaciona con el concepto de libertad en el sûtra III. 55. Se supone que no está presente la pesadez, que causa el sueño.

IV. 23

draṣṭṛdṛshyoparaktaṁ cittaṁ sarvârtham

ASÍ PUES, LA MENTE SIRVE PARA DOS PROPÓSITOS: PRESENTAR EL MUNDO EXTERIOR A ALO QUE PERCIBE» Y TAMBIÉN REFLEJAR O PRESENTAR «LO QUE PERCIBE» A SÍ MISMO, PARA SU PROPIA ILUMINACIÓN.

IV. 24

Se recuerda nuevamente el papel de la mente, que es servir a «Lo que percibe» por todos los medios.

tadasaṅkhyeyavâsanâbhishcitramapi parârthaṁ saṁhatyakâritvât

AUNQUE LA MENTE HAYA ACUMULADO VARIAS IMPRESIONES DE DIVERSOS TIPOS, ESTÁ CONTINUAMENTE A DISPOSICIÓN DE «LO QUE PERCIBEY». ESTO SE DEBE AL HECHO DE QUE LA MENTE NO PUEDE FUNCIONAR SIN EL PODER DE «LO QUE PERCIBE».

La mente no tiene fin en sí misma. No puede actuar por sí misma (ver sûtra II. 21).

IV. 25

Patanjali evoca ahora las cualidades de quien ha alcanzado el estado de claridad suprema.

visheṣadarshina âtmabhâvabhâvanânivṛttiḥ

UNA PERSONA QUE POSEE UNA CLARIDAD EXTRAORDINARIA ESTÁ LIBRE DEL DESEO DE CONOCER LA NATURALEZA DE «LO QUE PERCIBE».

Ya no se tiene la curiosidad de especular sobre «lo que percibe», sobre la calidad de la mente, sobre el «¿dónde estaba yo?», sobre el «¿qué seré yo?», porque ya ha percibido su verdadera naturaleza. Tales personas han alcanzado el nivel libre de todo obstáculo (sûtra II. 3), ya que uno de los productos de los obstáculos es, precisamente, la pregunta: «¿Quién soy yo?»

IV. 26

tadâ vivekanimnaṁ kaivalyaprâgbhâraṁ cittam

Y SU CLARIDAD LES LLEVA HACIA SU ÚNICO CENTRO DE INTERÉS: ALCANZAR UN ESTADO DE LIBERTAD Y PERMANECER EN ÉL.

IV. 27

¿Tal persona está ya más allá de toda posibilidad de regresión?

tacchidreṣu pratyayântarâṇi saṁskârebhyaḥ

EN LA HIPÓTESIS, POCO PROBABLE, DE QUE SE DESVIASE DE ESTE OBJETIVO, LAS IMPRESIONES PERTURBADORAS DEL PASADO AMENAZAN CON REAPARECER.

Como nuestras acciones están influidas por tales impresiones, la regresión, aunque muy improbable, sigue siendo posible.

IV. 28

hânameṣâṁ kleshavaduktam

NO HAY QUE TRANSIGIR ANTE LOS ERRORES, POR PEQUEÑOS QUE SEAN, PORQUE PERJUDICAN TANTO COMO LOS CINCO OBSTÁCULOS.

Incluso cuando se ha llegado a un estado tan puro de ser, la ayuda de un enseñante que pueda ver nuestro interior es esencial. En el primer capítulo (sûtra I. 30) la regresión está considerada como traba al progreso, tan seria como la enfermedad o la duda.

IV. 29

Una vez franqueada la última barrera:

prasaṅkhyâne 'pyakusîdasya sarvathâ
vivekakhyâterdharmameghaḥ samâdhiḥ

NACE UN ESTADO MENTAL LLENO DE CLARIDAD SOBRE TODA COSA Y EN TODO MOMENTO. ES COMO UNA LLUVIA DE PURA CLARIDAD.

La vida está llena de contentamiento. La visión no se oscurece jamás. Las facultades extraordinarias no se usan jamás equivocadamente.

IV. 30

tataḥ kleshakarmanivṛttiḥ

ESTE ES, VERDADERAMENTE, EL ESTADO DESEMBARAZADO DE ACCIONES BASADAS SOBRE LOS CINCO OBSTÁCULOS.

No es, sin embargo, una vida sin acción. Es una vida exenta de errores o intereses egoístas.

IV. 31

tadâ sarvâvaraṇamalâpetasya jñânasyânantyâjjñeyamalpam

CUANDO UNA MENTE SE HA LIBERADO DE LAS NUBES QUE IMPIDEN LA PERCEPCIÓN, TODO ES CONOCIDO, YA NO QUEDA NADA POR CONOCER.

El sol brilla. Todo es evidente. Ya no hay ninguna necesidad de luz artificial.

IV. 32

Con este supremo potencial a nuestra disposición,

tataḥ kṛtârthânâm pariṇâmakramasamâptirguṇânâm

LAS TRES CUALIDADES FUNDAMENTALES DEJAN DE ESTAR SOMETIDAS A LA SECUENCIA ALTERNANTE DE SUFRIMIENTO-PLACER.

Con la inteligencia superior a nuestro alcance, son dominados los objetos de percepción. Ya no existen sus mutaciones por combinación de las tres cualidades. Podemos influir en ellos para satisfacer nuestras necesidades inmediatas, sin producir ni provocar, sin embargo, acciones lamentables. Los cambios sobrevenidos en la mente, en los sentidos y en el cuerpo ya no crean problemas.

IV. 33

¿Qué es una secuencia?

kṣanapratiyogî pariṇâmâparântanirgrâhyaḥ kramaḥ

UNA SECUENCIA CONSISTE EN LA SUSTITUCIÓN DE UNA CARACTERÍSTICA POR OTRA QUE LA SIGUE. ESTÁ LIGADA AL MOMENTO. LA SUSTITUCIÓN DE UNAS CARACTERÍSTICAS POR OTRAS ES, IGUALMENTE, LA BASE DEL MOMENTO.

El momento, unidad básica del tiempo, y la secuencia se relacionan. Tienen por base común el cambio en las características de un objeto. La secuencia está afectada por los cambios. Por consiguiente, el tiempo es esencialmente relativo, por el hecho de ser la esencia misma del cambio. El orden del cambio es la variación de las características que se suceden una tras otra (ver sûtras III. 15 y III. 52).

En el contexto del sûtra IV. 32, los cambios que aparecen ahora en los objetos de percepción siguen un orden de sucesión distinto al del pasado, en el que este orden era imprevisible y capaz de provocar pesar. Ahora la persona puede dirigir los cambios.

IV. 34

¿Cuál es el estado último del Yoga?

puruṣârthashûnyânâṁ guṇânâṁ pratiprasavaḥ
kaivalyaṁ svarûpapratiṣṭhâ vâ citishaktiriti

CUANDO SE HA CONSEGUIDO EL OBJETIVO SUPREMO DE LA VIDA, LAS TRES CUALIDADES FUNDAMENTALES YA NO INCITAN NUNCA MÁS A LA MENTE A REACCIONAR. ES LA LIBERTAD. EN OTRAS PALABRAS, «LO QUE PERCIBE» SE PRESENTA SIN NINGUNA COLORACIÓN DE LA MENTE.

Es la serenidad, tanto en la acción como en la inacción. No hay ningún sentimiento de obligación, tanto de tener que asumir una responsabilidad como de rechazarla. Las tres cualidades ya no pueden combinarse para dividir a la persona. Esta es plenamente consciente de su propio estado de pura claridad y este se mantiene a su más alto nivel por el resto de sus días. La mente es un fiel servidor del amo, «Lo que percibe».

Otros títulos de la colección

La versión de Thomas Cleary de *El arte de la guerra,* libro de más de dos mil quinientos años de antigüedad, saca a la luz uno de los más importantes textos clásicos chinos, en el que, a pesar del tiempo transcurrido, ninguna de sus máximas ha quedado anticuada, ni hay un solo consejo que en la actualidad no sea útil.

El *I Ching* es el más antiguo y profundo de los textos clásicos chinos y ha sido venerado durante más de 3.000 años como oráculo y compendio de sabiduría.

En esta excepcional versión Thomas Cleary se ha ceñido al original chino, respetando el sentido enigmático del *I Ching*, lo que permite al lector una mayor libertad de interpretación de acuerdo con su propia intuición y circunstancias.